网络公共外交

王更喜 / 著

五洲传播出版社

图书在版编目（ＣＩＰ）数据

网络公共外交 / 王更喜著. -- 北京：五洲传播出版社，2020.5
ISBN 978-7-5085-4363-5

Ⅰ.①网… Ⅱ.①王… Ⅲ.①互联网络 – 应用 – 外交 – 研究 Ⅳ.①D81-39

中国版本图书馆CIP数据核字(2020)第013138号

网络公共外交

著　　者：王更喜
出 版 人：荆孝敏
策划编辑：张　斌
责任编辑：黄金敏
装帧设计：旅教文化
出版发行：五洲传播出版社
社　　址：北京市北三环中路31号生产力大楼B座6-7层
邮　　编：100088
发行电话：010-82005927，010-82007837
网　　址：http://www.cicc.org.cn，hhtp://www.thatsbooks.com
印　　刷：中煤（北京）印务有限公司
开　　本：710×1000　1/16
印　　张：12.5
字　　数：160千字
版　　次：2020年6月第1版第1次印刷
书　　号：ISBN 978-7-5085-4363-5
定　　价：36.00元

序

公共外交是指一国政府和企业、媒体、社会组织、公众等主体，从各自角度，向他国公众表达本国国情，说明本国政策，回答对本国的问题，同时了解对方的国际交流活动。开展公共外交的目的是增进相互理解，传播本国的形象，改善外国公众对本国的态度，进而影响外国政府对本国的政策。

作为 20 世纪最伟大的发明之一，互联网的出现和普及深刻改变了人类沟通和信息传播的方式，也为公共外交开辟了新天地。如今，网络不仅成为广大社会力量和有国际交流能力的个人开展公共外交的最便利渠道，更是各国政府一种重要的对外政治叙事方式。

有的国家滥用网络公共外交行使霸权、干涉他国内政几乎与网络普及是同步发生的。早在 1995 年，美国国防部就完成了《对互联网的战略评估》报告，列出互联网的多种战略功能，其中占首位的"政治作用"是指可利用互联网对美国认定的非民主政权进行挑战；互联网的"进攻性使用"是指通过互联网散布错误信息，误导受众，诱使其做出符合美国国家利益的行为。而美国现任总统特朗普则是亲自上阵的"推特内斗"和"推特外交"的"高手"。相对而言，我国积极使用网络开展公共外交的首要目的是向世界公众说明真实的中国，增进与各国的友好关系，解疑释惑，建设良好的国际舆论环境。

在网络像空气一样须臾不可离的信息全球化时代，专业媒体人、企业家、人文学者和相关专业的研究生对网络公共外交的研究都有着浓厚的兴趣。

　　王更喜博士所著《网络公共外交》一书对全球网络公共外交进行了全景扫描，对中国和美国的网络公共外交进行了深刻的比较学分析，对企业、社会组织和公众等主体参与网络公共外交的活动进行了系统论述，具有较强的理论和实践意义。

　　在书中，作者阐述了一些重要观点，如网络公共外交中存在着技术霸权；将"和主义"作为中国网络公共外交的价值"内核"；爱国主义是网络公共外交的根本动力等。同时，作者还结合多年相关工作经验，对中国的网络公共外交从多个角度提出了一些思考和建议，如做好国家形象定位、完善新闻发布工作、把网络新闻国际传播纳入网络公共外交框架、提升民营企业在国家公共外交整体布局中的地位、将公共外交作为公民通识教育的重要内容。从网络公共外交的实践层面看，这些观点和建议有一定的参考价值。

　　一直以来，党和政府对公共外交事业高度重视。今年2月26日，中共中央政治局常务委员会召开会议，分析新冠肺炎疫情形势，研究部署防控重点工作，会议明确指出："要继续同世界卫生组织紧密合作，同相关国家密切沟通，分享防疫经验，协调防控措施，加强对外宣介和公共外交，共同维护地区和世界公共卫生安全。"这为新冠肺炎疫情全球防控语境下中国公共外交工作赋予了新的使命。

　　网络是一个非中心化的传播系统，如何通过网络公共外交，在复杂多变的国际舆论场中构建中国的"战疫"叙事框架，向世界讲好中国"战疫"故事，在疫情国际联防联控中把握舆论主动权，是眼前一个非常紧要的课题，希望读者中对公共外交有研究和实践兴趣的人士能与作者同时在这个领域展开持续深入的研究，为发展中国的网络公共外交作一份贡献。

　　　　　　　　　　　　　　　　　　　　　　　　　赵启正

　　　　　　　　　　　　　　　　　　　　　　2020 年 5 月 12 日

前　言

　　21世纪初，互联网还仅仅是排在报刊、广播、电视之后，以第四媒体的身份为大众所认知，大街小巷的网吧是人们网上冲浪、虚拟社交和游戏竞技的主要场所，而如今，弹指一挥间，网络已成为主流媒介形态，它悄然而又势不可挡地渗透进社会的肌理当中，改变了人际沟通的方式，改变了传统的生产形态和经济运行机制，改变了国家—个人间关系，改变了政府行政和国家治理模式，并在一定程度上改变了国家间交往的既有范式，塑造出国际关系的新话题。可以说，日新月异的互联网带给人类生活的变化是历史性的、革命性的。

　　与之相随，网络在公共外交的平台作用日益得到各国政府的高度重视。多年来，在传统的政府外交之外，以公共外交的方式多主体多渠道向世界表达自己，提升话语权和软实力，塑造国际认同，维护国家利益，成为许多国家共同的现实考量和战略选择，而网络的普及应用则为公共外交提供了一个崭新的渠道。本书试图描述网络公共外交的发展脉络和现实情形，阐述其基本框架和内在逻辑，从一个侧面入手，促进公共外交理念在中国的进一步推广普及，助力公共外交实践在中国的深化。

　　第一章绪论部分首先界定了网络公共外交的概念，认为网络公共外交是指一国政府、企业、非政府组织、公众等主体通过网络平台，利用信息技术所进行的以维护国家利益为目的的对外交流活动。网络公共外交的一个重要特点是在线集体行动。

　　第二章考察了网络公共外交的四重属性：技术属性、政治属性、文化属性、经济属性。互联网本身是信息技术发展的产物，网络公共外交开展的广度、深度都与网络技术密切相关。网络公共外交以维护国家利益为核心诉求，政治属性是其本质特征。文化属性来自于网络公共外交的传播载体和传播内容，实现跨文化传播是开展网络公共外交需要直面的问题。经济属性则体现在网络公共外交中的一些文化产品需要通过市场原则实现其价值。

　　第三章全面阐述了美国政府的网络公共外交。美国通过"信息高速公路计划"和"全球信息基础设施计划"的实施，为其网络公共外交做好了物质与技术准备。从克林顿开始，美国多届政府都把网络作为公共外交的重要场域。美国政府网络公共外交的组织架构表明，开展网络公共外交有对外输出其民主价值观念、促进国家安全、谋求全球霸权的深层用意。

　　第四章对中国政府的网络公共外交进行了深入分析。党和政府对网络在中国对外传播中的地位高度重视。开展网络公共外交不但是提升国家形象和软实力的现实需求，也是应对意识形态安全挑战的需要。在阐述了网络公共外交的价值内核之后，本章从"做好国家形象定位、完善新闻发布工作、推进网站集群建设、将网络国际传播纳入网络公共外交框架、充分借力社交平台"等几个方面提出了建议。

　　第五章围绕企业网络公共外交展开论述。企业开展公共外交既是企业规避风险、建构品牌形象的需要，也是塑造国家形象维护国家利益的需要。共建"一带一路"为中国企业走出去提供了重要战略机遇，提升民营企业在国家公共外交整体布局中的地位，有侧重地利用好网络平台，创新讲故事的方式，做好舆情管理，有助于中国企业网络公共外交的开展。

　　第六章着重论述了非政府组织/社会组织的网络公共外交，并对国内社会组织网络公共外交提出建议：加大对社会组织的培育扶持力度，提升其造血能力；加强网络传播平台建设；加强社会组织的互动交流；提升智库类社会组织的话语影响力；推动建设由中国牵头的国际性非政府组织的更快发展。

第七章以公众网络公共外交为关照对象。公众网络公共外交具有自组织和他组织交互、理性与非理性共存的特点。公众参与网络公共外交的动力是多元的，最根本的动力是内心深处的爱国主义情感。

第八章探讨了网络公共外交中的法律问题。为适应和促进公共外交的发展，韩国、瑞士、美国等国颁布、修订了相关法律，中国也有系列相关法规出台。需关注侵害网络版权、侵犯隐私权和未成年人权益等网络违法犯罪给网络公共外交带来的干扰，以及网络公共外交所面临的取证不易、管辖权争议方面的困境。

第九章为结语，对网络公共外交的未来发展做出展望。

本书在篇章安排上，大致以网络公共外交的主体——政府、企业、非政府组织/社会组织、公众——为逻辑顺序展开，这更多是服务于论述的需要。实践中，各主体的网络公共外交活动之间非但没有明确的界限，反而是彼此相互交融（其中，政府网络公共外交是主导），共同构成一个国家网络公共外交的整体。

著者

2020 年 4 月

目　录

第一章　绪　论

"互联网是一种先进的生产力，一种革命性的传播工具。谁不用它谁就会落后，对个人如此，对国家亦然。"① 从 20 世纪 80 年代开始，互联网在技术进步的推动下，作为一种崭新的信息传播渠道和方式，由新兴边缘到日益主流，在深刻改变人们生活方式的同时，也给公共外交提供了新空间——数字空间。

正如美国学者米切尔在《伊托邦：数字时代的城市生活》一书中所做的描述那样："显而易见的是，网络上的聚会可以让你免受身体上的伤害，因为那些对你的意见强烈不满的人不可能对你拳脚相向……猎奇的、孤独的人们再也不用在《波士顿菲尼克斯报》或《纽约图书评论》中浏览个人专访，而可以到某些网站上碰碰运气。更富有戏剧性的是，互相敌对的两个国家的公民，他们无法在现实世界中找不到一个合适的地方会面，却可以在网络空间里找到一个中立的地点。"②

在这个虚拟的数字空间中，政府、企业、社会组织、社会公众等主体都建设性地参与公共外交实践，不但创造了许多崭新的模式，还极大丰富了公共外交的内容，促进了公共外交的勃兴。

---

① 赵启正，《新媒体、新机遇》，《对外大传播》，2001 年第 12 期，第 4 页。
② ［美］威廉·J·米切尔著，吴启迪等译，《伊托邦：数字时代的城市生活》，上海科技教育出版社，2001 年版，第 86-87 页。

第一节　网络公共外交概述

在较长一个时期内，公共外交一般是通过报纸、广播、电视等媒体和人际交往两个渠道进行。如二战后美国新闻署所领导和组织的分别以"美国之音"和"富布莱特项目"为代表的"信息活动"（Information）与文化交流活动。又如日本于1972年成立"国际交流基金会"，用来从事推广普及日语、介绍日本文化、开展国际交流等活动；于1976年由日本新闻协会和经济团体联合会共同成立民间公益法人机构"外国新闻报道中心"，通过向外国记者提供采访服务，以影响他国媒体、他国舆论来提升国际动员能力。

通过网络开展的公共外交和通过报纸、广播、电视进行的公共外交有何不同？网络所具有的即时、互动、弱国界等传播特性大大提升了信息交流的速度和范围，全程媒体、全息媒体、全员媒体、全效媒体的出现，使得传统的人际传播模式、组织传播模式、大众传播模式、教育模式发生了根本性变化。在媒体融合纵深发展的当下，网络不但可以承担传统媒体的对外传播任务，还可以进行在线的人际沟通。以 Twitter、Facebook、YouTube、微信等为代表的网络社交媒体急剧改变了信息传播的旧有规则，而以人工智能、虚拟现实为代表的新一代信息技术则增强了交流的"在场感"和互动性。内容层面，网络也在不断塑造着新的国际传播和国家安全议题。

另一方面，网络公共外交不仅是物理空间中的公共外交在网络空间中的"拷贝"和移植。与互联网具有的即时性、交互性、沉浸性相关，网络公共外交具有不同于现实公共外交的一个显著特点：在线集体行动。麦考菲和埃尔斯（McCaughey and Ayers）认为，互联网的超强互动能力可以培养行动者对问题的集体认同感，甚至某些在线集体行动并不需要集体认同感，仅因其便利性就可吸引民众参加；互联网的扁平结构会弱化科层组织的作用，很多集体行动的议题不需专门的社会运动组织就可以在网络世界中得以建构。[①] 在发生涉及国家利益的重大国际事件时，网络公共外交的这种属性可以促成网民在线集体行动，在维护国家尊严、捍卫国家利益方面发挥重要作用。

近 20 年来，随着互联网的普及应用，网络在公共外交中的作用和地位日益得到各国政府的重视。

在英国，2000 年，时任英国首相布莱尔发起"英国在线运动"，目标是到 2005 年前让英国人民、企业和政府上网，确保使英国成为世界上开展电子商务最好的地方，在任何地方都能够使用互联网，从网上可以获得政府各种服务。[②] 一年后，英国外交部门出台《E- 外交：英国外交与英联邦事务部的电子商务战略》，旨在"使外交部门从一个有许多分支机构的总指挥部转变成一个单一的、全球性的网上机构。"

在加拿大，2004 年，政府创建"政策讨论"网站，作为政府和国内外网民就外交事务进行交流和讨论的制度化网络渠道。

在印度，2006 年，外交部设立"公共外交处"，定期拍摄和录制有关印度社会生活的各种影像，然后上传至外交部官方指定网页"印度档案（India File）"供世界各国公众下载。

在韩国，成立于 2009 年的国家品牌委员会先后开设韩国品牌网和韩国品牌播客，招募记者团，邀请世界各国博客作者对韩国品牌进行报道和宣

---

① 蔡前著，《以互联网为媒介的集体行动研究》，江西人民出版社，2009 年版，第 48—49 页。
② 刘畅等，《网络颠覆传统世界 "YOU"时代真的到了吗？》，中国新闻网，http://www.chinanews.com/it/news/2007/01-29/863131.shtml.

传，以提升韩国品牌形象和国家形象。为了提高国民对公共外交的理解和宣传公共外交事业，2014年3月，韩国外交部开设了公共外交网站，专门用来介绍公共外交相关知识和研究成果，以及外交部和驻外机构的公共外交活动。

在朝鲜，2009年，政府开始通过美国社交网站，开通英文新闻服务，面向国外网络用户宣传政府的立场。[①]

在中国，20多年来，人民网、新华网、国际在线、央视网、中国日报网等中央重点新闻网站所开展的对外传播在讲好中国故事、表达政府立场、塑造中国形象等方面发挥了重要作用，实际上起到了网络公共外交的效果。

在美国，网络公共外交肇始于20世纪90年代中期，经过几任政府的工作，无论在机制建设、战术选择还是技术保障等方面已日臻成熟，成为美国输出其民主价值观念、实现外交战略的重要工具。

在政府部门和新闻媒体之外，一些国家领导人和元首也纷纷加入网络公共外交的行列。国家领导人身份特殊，其网络言论大多代表政府观点和立场，极易引起舆论关注。2010年6月，俄罗斯总统梅德韦杰夫在访问美国Twitter总部时建立了自己的第一个账户并发出首条消息，12小时内访问量超过1.5万人次。[②]

2015年5月4日，印度总理纳兰德拉·莫迪访华前开通新浪微博。当天中午，他用中文发布微博说"你好中国！期待通过微博与中国朋友们互动"。不到2小时，这条微博的互动量接近2万次，微博粉丝数很快超过1万。[③]

---

① 《朝鲜开始利用互联网对外宣传政府立场》，星岛环球网，http://www.stnn.cc/pacific_asia/200905/t20090522_1034427.html.

② 董青岭，《中国新媒体公共外交年度研究报告》，收录于《中国公共外交研究报告2011暨首届"公共外交论坛"文选（讨论稿）》，北京外国语大学公共外交研究中心编，第124页。

③ 赵盛楠，《印度总理莫迪访华前夕施展微博外交》，中国日报网，https://world.chinadaily.com.cn/2015-05/04/content_20617909.htm.

美国总统特朗普热衷于通过 Twitter 来发布信息，从 2009 年 3 月正式注册账户，至 2018 年 7 月 4 日美国独立纪念日当天，特朗普共发送出 38000 条 Twitter 短信息，平均每天 11 条。当日特朗普活跃粉丝和追随者数量为 5300 万，这一数字相当于《纽约时报》发行量的 50 倍，CNN 黄金时间热播新闻栏目《安德森 360 度》收视率的 40 倍。①

日本首相安倍晋三也参与网络公共外交实践。2018 年 10 月 25 日，安倍晋三访华，飞机起飞前，他在 Twitter 上发文表示：借此次机会，我想把日中关系推进到新的阶段。

英国女王 2019 年 12 月公开招聘社交媒体主管，负责报道王室活动，要求应聘人员"具有创新精神，拥有绝佳的写作和编辑技巧，让内容能够被数百万人浏览。"②

网络公共外交引起全球关注，除了它与生俱来的传播特性外，一个深层次的原因是互联网实际上已成为各国参与全球治理的重要平台。"全球治理的兴起，是全球化发展的必然趋势，也是应对全球性挑战、发展、转型的重要政治选择"。③应对气候变化、毒品泛滥、贫富分化、环境污染、跨国偷渡、网络安全威胁等全球性挑战，离不开世界各国的深度参与，而通过网络来及时协调政府立场、对话沟通、维护国家利益无疑是一种必不可少的重要手段。同时，"全球治理超越了传统民族国家的界限，将民族国家与超国家、跨国家、非国家主体有机结合在一起，形成了一种新的合作格局"④。在这种格局下，非政府组织等非国家行为体也在一定层面上积极通过

---

① 吴旭，《中选后继续"发威"：特朗普如何用推特改变美国？》，观察者网，https://baijiahao. baidu.com/s?id=1616974997824784171&wfr=spider&for=pc.

② 《英王室招聘社交媒体主管 除了高薪还有这些福利……》，中国新闻网，http://www. chinanews.com/gj/2019/12-19/9038152.shtml.

③ 陈家刚编，《全球治理：概念与理论》，中央编译出版社，2017 年版，第 1 页。

④ 同上，第 8 页。

网络公共外交的方式参与全球治理。

——非政府组织。包括一国之内的非政府组织和国际性非政府组织。全球化的演进提升了非政府组织在全球治理中的地位，它们与政府相呼应，主动作为，积极参与公共外交活动。

从工具层面讲，政府希望借助非政府组织开展公共外交，是因为非政府组织的民间非官方身份更为低调柔和，对外交流中，有较多的进退空间，它们的活动更易被对象国接受，且在一定程度上能够反映母国政府的意图。

从主体层面来讲，非政府组织把公共外交作为自己的一项重要职能，有实证研究表明，美国有很多非政府组织对国家的价值观念和对外政策都有非常高的认同度，有强烈的愿望在世界范围内传播国家价值观念，为国家外交服务。参与公共外交的非政府组织包括学校、医院、环保组织、慈善组织、宗教组织、人权组织、研究机构、思想库、基金会、商会等，它们长期或明或暗地承担着美国外交任务，政府为这些非政府组织提供资金支持，这些非政府组织则在对外援助活动中自觉或不自觉地体现和贯彻国家价值观念，扩大国家在国际社会的影响力。[①]

从效果层面讲，在网络时代，非政府组织能够充分利用信息传播技术，借助网站、移动应用程序（APP）、社交媒体等平台来搭建自己的立体化传播网络，较好地实现沟通公众、影响舆论的目的。

——企业。企业也参与到网络公共外交当中来。它们或通过网络传播企业文化、或提供网络文化产品、或为网络公共外交搭建平台，在网络公共外交实践中扮演了不可或缺的角色。由于自身的雄厚资本和强大话语力，大型跨国企业已经成为世界政治版图中的重要一极。像 Facebook 到 2019 年已经拥有 27 亿用户，这个数字超过了世界人口的 1/3，考虑到其在全球

---

① 张丽君、［澳］马克·威廉姆斯，《非政府组织在公共外交中的身份分析》，《公共外交季刊》，2014 年秋季号，第 52 页。

舆论场中的重要地位，各种利益团体都将 Facebook 作为网络公共外交的平台，而同时，"它也成为一个政治目标，不得不进入政治角斗场，试图安抚那些惧怕其力量的立法者"。①

——公众。互联网"自下而上赋予每一个普通人以更多的力量：获取信息的力量，参政议政的力量，发表和传播的力量，交流和沟通的力量，社会交往的力量，创造与创业的力量等"②，改变了公众传统的社会政治认知过程。随着通讯费用的大幅下降和网络技术的大众化，社会公众参与网络公共外交成为可能。一国公众可以通过网络与他国政府和公众展开跨时空对话交流。国际电信联盟的统计数据显示，到 2018 年 12 月，全球网络用户已达 39 亿人，超过全球总人口的一半，③不可否认，数量不断增长的网民正成为网络公共外交的一支重要力量。

第二节 概念的界定

一、外交

一般谈外交，是指传统意义上的政府外交。对于何为"外交"，中外学者表述有所不同，但大都倾向于将"外交"界定为国家与国家之间的交往。

如英国外交官萨道义认为："外交是运用智力和机智处理各独立国家之

---

① 吉迪恩·拉赫曼，《Facebook 是世界上最大的青少年》，FT 中文网，http://www.ftchinese.com/story/001084870?full=y&archive.

② 方兴东等，《全球互联网 50 年（1969–2019）：发展阶段与演进逻辑》，博客中国网，http://fxd.blogchina.com/838888597.html.

③ 《ITU：全球互联网用户达 39 亿 超总人口一半》，搜狐网，http://www.sohu.com/a/280896615_263856.

间的官方关系，有时也推广到独立国家和附庸国家之间的关系；或者更简单地说，是指以和平手段处理国与国之间的事务。"①

英国著名外交学家 R.P. 巴斯顿认为："外交涉及处理国家之间和国家与其他行为者之间的关系。从一个国家的角度来看，外交的作用是提出、制定和执行外交政策。外交本身是国家通过正式和非正式的代表以及其他行为者，运用通信、个别的会谈、交换观点、说服、访问、威胁和其他相关的行动来阐明、协调和维护特殊的和更广泛的利益的手段。外交常常被认为是与和平的行动相联系。"②

原苏联外交部长葛罗米柯等主编的《外交辞典》认为："外交是各国首脑、政府和专门涉外机构所进行的正式活动，旨在通过谈判、文书往来和其他手段来实现由统治阶级利益所决定的国家对外政策方面的目标和任务，以及捍卫该国在国外的权利和利益。"③

中国学者鲁毅认为："外交是以主权国家为主体，通过正式代表国家的机构与人员的官方行为，使用交涉、谈判和其他和平方式对外行使主权，以处理国家关系和参与国际事务，是一国维护本国利益及实施其对外政策的重要手段；不同的对外政策形成不同形态和类别的外交。简而言之，广而言之，外交指任何以主权国家为主体，通过和平方式，对国家间关系和国际事务的处理。"④

综观上述定义，可见其相同之处：外交的主体是独立主权国家；外交的本质是国家间的利益性互动，核心是维护国家利益和主权。

---

① ［英］戈尔·布思等主编，杨立义译，《萨道义外交实践指南》，上海译文出版社，1984年版，第3页。
② 张新颖，《以互联网技术为依托的电子传媒对当代外交的影响》，《理论学习》，2009年第5期，第59页。
③ ［苏］葛罗米柯等主编，《外交辞典》，莫斯科科学出版社，1984年版，第一卷第327–329页。
④ 鲁毅等著，《外交学概论》，世界知识出版社，2004年版，第5页。

二、公共外交

"公共外交"脱胎但又有别于"外交",是全球化时代的外交新思维。据美国国会图书馆为国会参议院对外关系委员会所做的一项研究,"公共外交"一词最早由美国塔夫斯大学弗莱彻法律与外交学院院长埃德蒙·格里恩(Edmund Gullion)于1965年首次使用,后来他在教科书中做如是界定:"它是超越传统外交范围以外的国际关系的一个层面,包括一国政府在其他国家境内培植舆论,该国国内的利益集团和另一国家内的利益集团在政府体制之外的相互影响,外交官和记者之间的沟通联系,以及通过类似过程对政策制定和涉外事务的处理造成影响。"[1]

根据美国公共外交咨询委员会2002年的解释,公共外交是指"通过国际交流、国际信息项目、媒体、民意测验以及对非政府组织的支持等方式,扩大美国政府、公民与国外民众的对话,减少他国民众对美国的错误观念,提高美国在国外公众中的形象和影响力,进而增进美国国家利益的外交形式"。

中国学者赵可金认为,"公共外交是一个国家为了提高本国知名度、美誉度和认同度,由中央政府或通过授权地方政府和其他社会部门、委托本国或者外国社会行为体通过传播、公关、媒体等手段与外国公众进行双向交流,开展针对另一个国家民众的外交活动,以澄清信息、传播知识、塑造价值进而更好地服务于国家利益的实现。"[2]

以上定义表述不尽相同,但在三个方面有基本一致的认识:一、公共外交需由政府出面组织或支持;二、公共外交的对象是他国公众;三、公共外交的出发点是影响他国公众对本国的认知,目的是维护本国利益。

---

[1]　Harold Nicolson, *diplomacy*, Georgetowner University Press, November, 1988. 参见赵可金、倪世雄著,《中国国际关系理论研究》,复旦大学出版社,2007年版,第169页。

[2]　赵可金著,《公共外交的理论与实践》,上海辞书出版社,2007年版,第15-16页。

国务院新闻办公室原主任、十一届全国政协外事委员会主任、中国公共外交理论的主要开创者和公共外交实践的大力倡导与推动者赵启正先生认为，"公共外交"是指"政府外交"以外的各种对外交流方式，包括官方与民间的各种双向交流。基于此，他对公共外交的参与主体的范围进行了扩展，"中国的公共外交更广泛地依托于民间力量，社会团体、科研院所和企业等一切有机会、有能力从事国际交往和对话的机构、个人都是中国公共外交的力量。"[①] 就公共外交客体而言，在他看来，外国政府、企业、媒体、非政府组织、公众等都可以作为公共外交的对象，"开展公共外交的目的是提高国家形象，改变外国政府和公众对中国的认知，进而影响外国政府对中国的政策。"[②]

笔者认为，赵启正先生对公共外交所做的界定反映了中国当前的外交实践和全球化、信息化的发展态势。改革开放四十余年来，中国的民间对外交往达到前所未有的广度，特别是随着中国综合国力的提高和由国际地位提升而引发的民族自豪感的增强，除了企业和社会组织等机构外，普通中国公众参与外交事务的热情也日益高涨，而网络的迅速普及则正逢其时地给公众搭建了一个与世界（包括外国政府、企业、非政府组织、公众等）沟通的桥梁。近年来，但凡与中国有关的一些重大国际事件，中国网民都能及时在网络上发出自己的声音，阐述自己的立场，从侧翼有力地配合了政府的外交行动。客观地讲，普通公众的对外交往无论是否得到政府授权，都在一定程度上达到了向世界表达中国，维护中国国家利益的效果。

---

① 赵启正著，《公共外交与跨文化交流》，中国人民大学出版社，2011年版，第19页。

② 吕鸿、郑红，《基辛格对话赵启正：最珍贵的不是高楼大厦，而是公共外交——访全国政协外事委主任赵启正》，人民网，http://world.people.com.cn/GB/14203342.html.

三、网络公共外交

（一）何为网络?

"网络公共外交"中的"网络"是指互联网。互联网的雏形 ARPANET（阿帕网）诞生于 1969 年的美国，最早是美国国防部高级计划研究署的一个实验性网络。1989 年，欧洲粒子物理实验室的蒂姆·伯纳斯·李（Tim Berners Lee）提出 WWW（World Wide Web）的技术构想，从根本上为互联网成为一种大众化的传播媒介奠定了基础。[①]

1995 年 10 月，美国"联邦网络委员会"（The Federal Networking Council）通过了一项关于"互联网定义"的决议:

网络委员会认为，下述语言反映了我们对"互联网"这个词的定义。"互联网"指的是全球性的信息系统——

1.通过全球性的唯一的地址逻辑地链接在一起。这个地址是建立在"互联网协议"（IP）或今后其他协议基础之上的。2.可以通过"传输控制协议"（TCP）和"互联网协议"（IP），或者今后其他接替的协议或与"互联网协议"（IP）兼容的协议来进行通信。3.可以让公共用户或者私人用户使用高水平的服务。这种服务是建立在上述通信及相关的基础设施之上的。[②]

（二）何为网络公共外交?

笔者认为，网络公共外交是指一国政府、企业、非政府组织 / 社会组织、公众等主体通过网络平台，利用信息技术所进行的以他国网络用户为

---

① 彭兰著，《网络传播概论》，中国人民大学出版社，2009 年版，第 8-9 页。
② 郭良著，《网络创世纪:从阿帕网到互联网》，中国人民大学出版社，1998 年版，第 160 页。

客体、以维护国家利益为目的的对外交流活动。

这个定义包含几层含义：网络公共外交的参与主体是多元的，既包括政府，也包括企业、非政府组织／社会组织、公众等非国家行为体；网络和信息技术是网络公共外交得以开展的重要工具和手段，技术发展水平在一定程度上决定了网络公共外交的形式和深度；网络公共外交是一种以国外网络用户为直接目标对象的交流活动；网络公共外交的目的是为了维护国家利益。

网络公共外交把传统的公共外交由线下转移至线上，消弭了时空限制，传播边界无限延伸；它使得公共外交的主体规模尽可能扩大，大大提升了非国家行为体特别是普通网民参与外交事务的地位和能力；它改变了公共外交的叙事与倾听模式，使得在线协商和集体行动成为可能；它成为国家整体外交的重要组成部分，以数字虚拟的话语形式践行着公共外交的宗旨和使命。

第二章　网络公共外交的四重属性

网络公共外交是现实世界、虚拟世界和精神世界的统一，其属性可以从多个维度来认知。技术属性与网络天然所具有的技术特性相连，政治属性与网络公共外交的目的相关，文化属性来自网络公共外交的传播内容，经济属性则体现在网络公共外交中的一些文化产品需要通过市场原则实现其价值。

第一节　网络公共外交的技术属性

互联网是技术的产物，技术是互联网发展的内生动力。在全球范围内，互联网从 20 世纪 60 年代的美国军方项目起步，到 80 年代高校科研机构的使用，到 90 年代以浏览器、门户和电子商务为代表的 Web1.0 的兴起，到 21 世纪头 10 年以社交媒体为代表的 Web2.0 浪潮，再到 2010 年后移动互联网快速普及和万物互联时代的开启，互联网诞生以来所取得的每一个进步，都离不开技术上的创新。其中，1982 年 TCP/IP 协议的确定，1990 年万维网完成超文本标记语言（HTML）的开发，1993 年浏览器的问世，2007 年第一代 iPhone 面世，2012 年全球 IPv6 网络正式启动，都称得上是互联网发展史上的重大事件。借此，互联网逐步深入到人类社会的方方面面，成为推动经济发展的重要引擎，不但促进了文化的繁荣与发展，推动了社会管理和服务的创新，也改变了人们的生活方式和精神交往方式。

具体到网络公共外交，网络技术首先提供了一个虚拟的场域空间。在这个空间中，用户以"身体缺席但灵魂在场"的方式参与公共外交实践。正如学者斯劳卡（Mark Slouka）所言，网络空间是一个"概念性的心理空间"，一个象征性的"地方"，"我们可以'居住'在那里，但不是我们真的出现在那个'空间'里……我们互相交谈、分享信息、情感和其它东西，但我们的身体并没有在某个地方相遇。"① 其次，网络技术为公共外交的行为主体提供了信息传播的多样化工具和手段。

在现阶段，对网络公共外交具有重要意义的技术主要有以下几个。

一、移动互联网和智能终端技术

近年来，随着移动互联网的发展和智能手机的普及，网络信息技术的使用逐渐大众化，图像、音视频处理和传输技术日益"零门槛"，借助网络采集、制作、发布信息成为生活常态，人人成为信息的生产者、传播者。另一方面，网络新技术新业态的发展也为用户提供了多元化的交流渠道，如国内以微信为代表的即时通讯工具，以快手、抖音为代表的短视频平台就已然成为网民的社交互动空间。移动互联网技术和智能终端技术对网络公共外交具有重要意义：一是扩大了网络公共外交的主体规模，手机等移动终端比电脑便携，价格也更容易为普通消费者所接受，随着使用习惯的养成，手机正成为人们身体的"新器官"。据统计，到 2018 年 6 月，全

---

① ［美］马克·斯劳卡著，黄锴坚译，《大冲突：赛博空间和高科技对现实的威胁》，江西教育出版社，1999 年版，第 212 页。

球手机用户数量（按手机卡数量计算）达到 78 亿人。[①] 二是信息发布的主动性提高了企业、非政府组织/社会组织和普通公众参与网络传播的热情，为网络公共外交的广泛开展提供了动力。

二、搜索引擎技术

搜索引擎是基于网络的软件系统，它根据一定的算法收集互联网上的信息，在对信息进行组织和处理后，为用户提供检索服务。搜索引擎可以为网络公共外交的主体特别是普通公众，提供丰富的资料来源，提升其在公共外交中的地位，但"一个不容忽视的事实是，搜索在带来便捷和高效的同时，却往往隐藏了它的另一个特质——任何搜索引擎都是有立场、有倾向的。这种倾向可能是自觉或者不自觉的，其中的立场可能是商业的、文化的抑或政治的。虽然目前通用的搜索技术都是基于机器抓取和自然排序，但人工干预却是其中不可否认的重要一环，所以，在确定搜索结果排序时，存在着价值观的判断、倾向性的干预。"[②] 有鉴于此，为加强主流文化和价值观的传播，维护文化安全，不少国家在纷纷开发本国语种的搜索引擎（如韩国的 Naver、俄罗斯的 Yandex、捷克的 Seznam）的同时，开始寻求与他国或世界性搜索引擎公司建立合作关系。

三、虚拟现实和增强现实技术

虚拟现实（Virtual Reality，VR）是利用电脑模拟产生一个三维空间的虚拟世界，提供视觉、听觉、触觉等感官的模拟，让使用者如同身临其境

---

① 《爱立信：2018 年 Q2 全球手机用户数量达到 78 亿人》，199it 网，http://www.199it.com/archives/770355.html。

② 张意轩，《搜索引擎与国家文化安全》，人民论坛网转载自《中国社会科学报》，http://theory.rmlt.com.cn/2011/0408/16922.shtml。

一般。增强现实技术（Augmented Reality，AR）通过电脑技术，将虚拟的信息应用到真实世界，真实的环境和虚拟的物体实时地叠加到同一个画面或空间。虚拟现实技术和增强现实技术提供了"沉浸感"，为用户深度参与网络公共外交创造了条件。

早期的 VR 技术相对简单，以"第二人生"虚拟大使馆为例。

2007 年，马尔代夫、瑞典、爱沙尼亚三国外交部门就先后在"第二人生"（Second Life）的三维虚拟社区设立了虚拟大使馆。虚拟使馆虽然无法像真实大使馆一样提供签证服务，但可以向"社区居民"介绍申请护照和签证的程序，并提供这些国家的相关信息。瑞典大使馆是以瑞典驻美大使馆为原型来设计的，虚拟大使馆内不但有大落地窗，还"摆放"有斯堪的纳维亚风格的装饰品以及名贵家具。而爱沙尼亚的虚拟大使馆则与现实对应，分别设立了新闻发布厅、音乐厅、展览馆、接待室、技术室等房间。马尔代夫政府将设立虚拟大使馆作为展现国家形象、开展外交互动的一种重要尝试。马尔代夫外交部长阿比杜拉·沙赫德发表声明称，"第二人生"在外交派驻和外交谈判上，为现实世界中外交作为有限的小国和发展中国家开辟了新途径，"虚拟使馆为我们向世界传播本国的信息、提出我们对国际事务的观点和给我们的国际合作伙伴联系提供了另一条方便渠道。"[①]

2016 年里约奥运会是首次大规模运用 VR 技术进行新闻宣传报道的奥运会。巴西组委会利用 VR 技术制作了官方宣传片；美国国家广播公司奥运频道（NBC Olympics）与三星公司合作为观众提供虚拟现实节目；BBC 推出体育应用程序（BBC Sport 360），提供 100 小时左右的虚拟现实报道，并每天进行一场体育比赛的 360 度视频直播；《纽约时报》发布名为"现代奥运会"的虚拟现实微电影，回顾了从 1896 年开始现代奥运会的发展，用

---

① 杨教，《马尔代夫开设世界首个虚拟大使馆》，新浪网转载自《重庆晨报》，http://news.sina.com.cn/w/2007-05-25/023011888085s.shtml.

户可以通过《纽约时报》虚拟现实应用和谷歌 Cardboard 进行观看。[①] 在里约奥运会闭幕式上，下一届奥运会的主办国日本则借助 AR 技术把东京奥运会的 33 个竞赛项目的发光形象展示在半空之中，并把现场的运动员与哆啦 A 梦、超级玛丽等虚拟形象一起完美呈现出来。

此外，作为下一代互联网的关键技术，区块链也值得密切关注。区块链是分布式数据存储、点对点传输、共识机制、加密算法等计算机技术的新型应用模式。随着区块链技术应用在数字金融、物联网、智能制造、供应链管理、数字资产交易等领域的延伸，人们对区块链在网络传播中应用的认识也在逐渐深化。

人民网总裁叶蓁蓁认为，本质上讲，区块链就是一套治理架构，其核心是基于多种技术组合而建立的激励约束机制。它通过对计算模式进行颠覆式创新，推动"信息互联网"向"价值互联网""信任互联网"变迁，从而充分挖掘内部的积极力量，维护网络世界的生态秩序，进而实现更加良性的治理架构，有效赋能国家治理体系和治理能力现代化建设，因此被广泛认为可能引起一场全球性的技术革新和产业变革。[②] 德勤在题为《区块链：改变媒体的游戏规则》的报告中列举了区块链变革媒体业的五种可能：加速碎片化内容的货币化进程，助推内容变现；广告营销将省去更多中间环节，进一步垂直化；版权问题将会得到规范，创作者的经济权利和精神权利将会得到更好的保护；行业将会向更加安全和更加透明的方向迈进，假新闻和盗版等问题将会得到解决；在区块链技术完全普及后，媒体业有望形成一个"无边界的付费内容市场"，用户订阅和数字版权管理格局将会

---

① 王岚岚、钟新，《VR 时代的广播机遇》，《新闻战线》，2018 年第 2 期，第 63–64 页。

② 叶蓁蓁，《我国必须走在区块链发展前列》，人民网，http://politics.people.com.cn/n1/2019/1026/c1001–31421642.html.

得到根本性的变革。[①]

相信未来随着区块链和人工智能、大数据、物联网等前沿信息技术的深度融合，区块链一定会为网络公共外交提供强劲的技术支撑。

第二节　网络公共外交的政治属性

网络公共外交的政治属性首先表现在它以维护国家利益为核心诉求。同时，该属性也与网络技术本身的意识形态属性相关。

一、网络公共外交以维护国家利益为核心诉求

国家利益是国际关系的原点，是主权国家外交政策的出发点和落脚点，主要包括一国生存与发展所需要的经济利益、政治利益和安全利益。网络公共外交以维护国家利益为核心诉求，为实现这一诉求，网络公共外交主要通过三种方式进行：

一是介绍国情，增进理解。通过网络向他国说明本国国情，包括本国的历史、现状和未来走向，介绍本国政治体制、经济制度和发展理念，增进国际社会对本国的理解、认同和支持，为本国发展争取良好的外部舆论环境。这是网络公共外交最基本的使命。早在 1995 年，新加坡政府就把大型数据库 SINGAPOREINFORMAPL 输入互联网，向当时全球 2000 万网络用户介绍新加坡的发展成就。[②]

二是澄清事实，表明立场。冷战结束后，国际形势发生了复杂而深刻

---

① 《区块链，到底靠不靠谱？》，虎嗅网转载自微信公众号全媒派（quanmeipai），https://www.huxiu.com/article/249549.html？f=member_article.

② 董小英、张海华编著，《信息高速公路与社会发展》，中国经济出版社，1995 年版，第269页。

的变化，传统安全与非传统安全因素交织，大国间关系显著调整。在这种环境中，国与国之间常常会因综合实力的消长、地缘政治关系的变化而产生利益纷争乃至冲突。为了维护国家利益，就需要政府利用网络等多种渠道及时就有关问题和事件说明缘由、澄清事实、表达立场，对内获得民众支持，对外争取国际舆论主动权。

近两年来，中美贸易摩擦成为中美关系的热点。2019年6月，中国国务院新闻办公室发表《关于中美经贸磋商的中方立场》白皮书，系统梳理和介绍中美经贸摩擦的来龙去脉和两国经贸磋商的基本情况，澄清事实真相，阐明了中国政府始终坚持通过对话协商解决争议的基本立场。新华社则发表系列评论员文章，就美国在贸易谈判中出尔反尔、插手香港事务、干涉中国内政、采用双重人权标准等行径作出严厉批评，这些评论文章通过多种语言借助网络渠道对外传播，旗帜鲜明地向国际社会阐明了中国的立场。见下表。

表1　2019年下半年新华社的部分评论员文章

发表日期	标题
8月7日	美方践踏国际规则终将失败
8月8日	乱扣帽子是美式霸凌的惯用伎俩
10月12日	美国领导人演讲的五大谬误
10月13日	相向而行才能解决好中美经贸问题
11月21日	美国会在香港问题上玩弄双重标准是错打算盘
11月23日	美方乱港遏中的企图必定落空
11月28日	美方一意孤行必将自食恶果
11月29日	美国借"人权"行"霸权"尽失人心
12月4日	美国霸权只会让我们更加众志成城

三是传播思想和观念。公共外交不仅仅是事实层面的陈述，也是价值观念的表达。以美国为例，美国政府历来把其自由民主价值观念的对外输出作为公共外交的重要目标。2001 年，由美国兰德公司完成的美国全球软实力战略报告《美国信息新战略：思想战的兴起》中就明确建议美国政府在世界各地扩张网络连接，特别是把网络连接到那些不喜欢美国思想观念的国家……确保在网络空间中，美国的价值观念、行为准则、道德标准以及其他能够提升美国软实力的思想要素得到他国的分享、认同、采纳并渗透到这些国家的制度建设中去。① 对中国来说，对外传播中华优秀传统文化和人类命运共同体等理念是网络公共外交的一项重要任务。

二、网络公共外交有助于促进外交公开化和民主化

秘密外交是传统外交的主要方式，主要存在于职业外交官与驻外大使馆、领事馆构成的外交网络中。作为普通公众，没有权力、条件和渠道来参与外交事务，国家外交政策的制定、外交斡旋、外事交往等都处于公众的视野之外。

一战后，为了削弱英国在欧洲事务中的主导地位，反对英法意日等国在大战期间达成的秘密谅解，美国总统伍德罗·威尔逊在 1918 年 1 月发布"十四点原则"，其中提到"公开的和平约定以公开的方式缔结之""外交活动必须开诚布公地进行""不得有任何形式的秘密的国际谅解"。② 尽管后来的美国外交并没有脱离传统外交的窠臼，但外交公开作为一项外交准则在国际舞台中逐渐获得大多数国家的认可和支持。

互联网的出现则在一定程度上重塑了传统外交伦理和规范，推动了外

---

① 李希光，《我国长期面临外部舆论环境的严峻考验》，求是理论网，http://www.wenming.cn/wmpl_pd/whzt/201202/t20120202_484297.shtml.

② 北京师范大学历史系，《史学选译》第二期，1981 年，第 12 页。

交转型，加速了外交公开化和民主化的进程。这种变化与互联网技术架构所负荷的意识形态相关，因为"技术从来都不是中性的，而是永远具有社会政治的蕴涵。技术反映了其制造者、拥有者和使用者的目的、利益、标准和价值。"[①]20世纪60年代美苏冷战背景下，美国国防部委托技术顾问兰德公司设计一种方便、安全的通信网络，以防设在五角大楼的作战指挥中心在受到核袭击的情况下，仍然能保持情报信息的联络。兰德公司经过论证，提出新型通讯网络应该具备三个特征，也就是后来互联网发展的思想理论基础：1.具有足够的通讯线路，部分通讯线路受损不会影响全局；2.采取"无中心"的控制方式，各个节点都有独立处理信息的能力；3.具有存储、转发信息的能力，能够自动寻找最方便、最快捷的传输线路。如今，互联网的一个核心特征正是"无中心"，即互联网采用整体传播而非中心辐射式线路传播，这"不但意味着中心服务器在信息传输中的中心与控制地位的淡化，也使平民借助互联网可以对传统媒体的'特许经营'地位发起挑战。"[②]

有学者指出："网络的发展，在事实上将会导致国家旧有的某些权力的下移，因为网络中的各类机构和个人将可以越过国家权力的中介而直接进行对话、交易和处理许多相互关联的问题……国家的权力在总体上将会弱化，传统的国家集权体制将有可能得到部分的消解。"[③]凭借网络所具有的去中心、信息直达、资源共享、弱国界等特性，非政府组织/社会组织、企业和公众可以依托网络平台随时随地发布信息，表达利益诉求，提供政策建言，进行相互沟通，由此，不但政府对外交信息的垄断被打破，外交事

---

① ［荷］穆尔（Mul, J.）著，麦永雄译，《赛博空间的奥德赛——走向虚拟本体论与人类学》，广西师范大学出版社，2007年版，第35页。

② 彭兰著，《网络传播概论》，中国人民大学出版社，2009年版，第13页。

③ 郭熙著，《信息哲学——理论、体系、方法》，商务印书馆，2005年版，第385页。

务也处于公众的监督和审视之下，网络舆论和民意表达成为影响外交决策的重要变量。

三、网络公共外交中存在着技术霸权

美国作为互联网的发源地，长期以来一直占据着网络技术的制高点，并将网络作为推行意识形态，维护其全球霸主地位的工具。美国意识到，21 世纪掌握制网权与 19 世纪掌握制海权、20 世纪掌握制空权一样重要，"利用信息时代的工具来宣传美国的理想，也许是促进美国利益的最和平和最强有力的方法。"[①]

从技术研发实力看，不管是芯片，还是操作系统，美国在互联网核心技术领域长期占据主导地位。此外，由美国商务部授权的 ICANN（互联网名称与数字地址分配机构）还负责着全球互联网域名体系和 IP 地址等方面的管理工作。作为网络系统"中枢神经"的根服务器，全球总共 13 台，其中就有 10 台设在美国。这意味着，美国掌握着全球互联网的"阀门"，在极端情况下，美国根据战略需要，随时可以以"断网"的方式，对他国能源、金融、交通等关乎国计民生的领域带来重大安全威胁。伊拉克战争期间，在美国政府的授意下，".iq"（伊拉克顶级域名）的申请和解析工作被终止，所有网址以".iq"为后缀的网站全部从互联网蒸发。2004 年 4 月，由于在顶级域名管理权问题上发生分歧，".ly"（利比亚顶级域名）瘫痪，利比亚在互联网上消失了三天。[②]

近年来，美国一直在加强对网络武器的研发和实战运用，来源于美国

---

① 蔡翠红著，《信息网络与国际政治》，学林出版社，2003 年版，第 141 页。
② 王远，《从网络大国走向网络强国》，《人民日报》，2004 年 6 月 24 日。

的重大网络攻击事件主要有：[①]

——德国《明镜》周刊网站 2014 年援引美国防务承包商前雇员爱德华·斯诺登披露的资料，早在 2009 年初，美国国家安全局就侵入中国华为公司系统窃取源代码并读取华为客户名单和内部邮件。

——2010 年，伊朗纳坦兹核设施电脑网络遭名为"震网"的病毒攻击，1000 台铀浓缩离心机瘫痪。有媒体披露，这种网络病毒由美国和以色列开发，用以打击伊朗核计划。

——2012 年，美国《华盛顿邮报》报道，美国和以色列联手研发"火焰"病毒。这种用于窃取信息的病毒一度在中东地区传播，甚至迫使伊朗短暂切断石油部门和相关设施的互联网连接。

——2014 年，美国"截击"网站报道，美国网络安全公司赛门铁克公司发现一个先进复杂、可以隐形的计算机恶意软件"雷金"，这正是美英情报部门多年来对欧盟计算机系统进行网络攻击所用的技术。

——2015 年，美国媒体披露，美英情报机构监听多国网络安全厂商，获取病毒样本以削弱反病毒产品。

——2017 年 4 月，媒体爆料美国国家安全局下属的"方程式"组织攻击转账结算系统 SWIFT 在中东地区最大的金融服务提供商 EastNets，窃取了大量主机信息、登录凭证等。

——2019 年 5 月，美国总统特朗普在接受采访时，公开承认曾于 2018 年中期选举时，允许相关部门对俄罗斯发动网络攻击，以阻止所谓的俄罗斯对美国中期选举的干涉。

——2019 年 6 月，《纽约时报》报道，美情报人员正加大力度向俄电力系统植入恶意程序代码，以便刺探情报或对俄电力系统发动网络攻击。

①《新闻背景：近年来美国发动的网络攻击》，新华网，http://www.xinhuanet.com/2019-06/25/c_1124670247.htm.

事实表明，美国在网络技术领域的"高位优势"已经造成其他很多国家尤其是第三世界国家对美国互联网服务的严重依赖。这不但损害了它们的政治利益和经济利益，也直接导致其在网络公共外交中处于被动防御地位。2009 年 5 月，出于"国家安全考虑"，微软公司遵从美国官方意志，单方面"信息制裁"，把古巴、伊朗、叙利亚、苏丹和朝鲜 5 国的 MSN 聊天软件临时短暂关闭。①

第三节　网络公共外交的文化属性

"在当今国际关系体系中，文化因素成为了最具世界流动性的因素，也是最为深刻的世界变动因素。"② "国家间任何领域的交流都包含着文化元素。随着经济全球化趋势不断增强，世界各国的交往越来越广泛和深入，文化因素在其中的作用越来越突出。文化的影响不仅表现在文化交往本身，政治、经济合作以及民间交往也无不含有文化元素。文化上的相互理解，构成一切方面相互理解的基础和桥梁。"③同样，文化属性也内在地渗透于网络公共外交的各个层面。

一、网络文化产品是网络公共外交的重要依托

网络公共外交能否取得实效，在很大程度上取决于网络文化产品的传播。网络文化产品主要包括网络新闻、网络视听作品、网络游戏等形式。

---

① 赵海建，《网络霸权：美国新战略制高点》，网易网，http://news.163.com/11/0529/04/756P7D0700014AED.html.

② 李智著，《文化外交：一种传播学的解读》，北京大学出版社，2005 年版，第 3 页。

③ 赵启正著，《公共外交与跨文化交流》，中国人民大学出版社，2011 年版，第 73–74 页。

（一）网络新闻

网络新闻因传播迅捷，更新及时，成为网络公共外交的重要形式。当前，传统新闻机构仍然是网络新闻的最主要采集、制作者。一是报刊所办网站，如《人民日报》的"人民网"，新加坡《联合早报》的"联合早报网"；二是广播电视机构所办网站；三是通讯社所办网站，如路透社、美联社、法新社、新华社、俄通社、韩联社所办网站。这些媒体机构不但在各自的网站上刊载所采集的新闻，同时还作为生产链条中的供给方，把新闻产品提供给全球范围内的网络媒体进行更大范围的传播。

另一方面，自媒体也成为网络新闻生产和传播的重要渠道。在网络环境下，普通网民往往成为新闻的首发者。不过，网民通过网络论坛、视频网站、直播平台、即时通讯工具和其他自媒体平台等渠道所发布的新闻在权威性、客观性、专业性方面与新闻媒体尚有较大差距，甚至在有些时候，会成为谣言和虚假信息传播的源头。

（二）网络视听作品

《十三五之歌》在海外社交媒体平台的传播是一个成功案例。

"要了解中国的下一步，你最好关注十三五、十三五、十三五……"2015 年 10 月，中国共产党第十八届五中全会召开后，这首描述中国怎样制定第十三个五年规划的英文音乐视频《十三五之歌》很快就在新华社开设于 Twitter、Facebook、YouTube 等海外社交媒体的账号上首发。朗朗上口的旋律、类似 20 世纪六七十年代欧美乡村音乐的曲风及饶舌的英文歌词使其几乎一夜之间便风靡国外，引起外国网友轰动，一举成为积极、正面宣传报道中国宏大主题的"网络神曲"。

《十三五之歌》在被大量欧美主流媒体、海外网友转发、转载后，迅速形成一股讨论中国"十三五"、搜索"十三五"的网络热潮。"十三五"也反客为主，出人意料地成为海外社交平台当周关键热词标签。

美国《赫芬顿邮报》形容该短片"时髦"，指出中国正在努力推动官方媒体走向世界以赢得海外民意支持。

美国《石英》杂志报道称，《十三五之歌》英语音乐视频"充满活力"，操着熟练美式英语的歌手在其中欢快地歌颂着中国的"十三五"规划，并形容"即使你从未听过中国普通话，观看完视频后也会记住'十三五'这三个字"。

英国《每日电讯报》报道称，《十三五之歌》音乐视频"欢快而生动"，内容非常友好而不乏幽默，用这种方式介绍"十三五"规划内容似乎更能深入热爱时尚的年轻群体。①

在网络环境下，音频、视频产品的制作权和传播权不再由官方传媒机构独家掌握，普通网民皆可借助数字产品和相关软件，进行音视频的录制、剪辑与网络传播。在社交媒体中，由民间力量制作的非新闻视频作品有时会收到意想不到的传播效果。

2019年岁末进入大众视野的网红李子柒在社交媒体中分外靓丽。李子柒和她的团队制作的视频不但在国内社交媒体中受到追捧，在国外社交平台上也得到广泛的赞誉。在 YouTube 上，她仅凭 104 个视频，就收获了 735 万个粉丝（相比之下，BBC News 为 558 万，Fox News 为 382 万，NBC News 为 161 万），而且几乎每个视频的播放量都在 500 万次以上。中央电视台评论：李子柒的视频，没有一个字夸中国好，但她讲好了中国文化，讲好了中国故事。她只是默默地在那里干着农活，偶尔地跟奶奶说几句四川方言，但全世界各地的人，却开始了解"有趣好看"的中国传统文

---

① 陈思武，《利用海外社交媒体平台巧说中国"十三五"》，《对外传播》，2016 年第 4 期，第 28 页。

化，并纷纷夸赞中国人的勤奋、聪慧，进而开始喜欢中国人，喜欢这个国家。不得不说，李子柒是个奇迹，一颗平常心做出了国际文化传播的奇迹。①学者肖珺从文化的角度分析了李子柒现象所表现出的人类传播共性：一是作为实践方式的文化，比如，美食、耕种；二是作为意义的文化，比如田园、故乡作为心灵的皈依；三是作为价值观的文化，比如自力更生、独立、孝顺等，这些都能让每个人从中找到自己，不论身处何处。另外，作品中还有一个跨文化传播所强调的传播点，就是对陌生事物的好奇心，因为对他者的陌生而产生的距离感，恰好是推动他们跨文化接触的兴奋点，比如，短视频中独特的中国文化或地域文化。②

（三）网络游戏

网络游戏不但是一种电子信息产品，同时也是"寓教于乐"的文化娱乐产品。制作者的价值观念、立场与态度无不蕴含在游戏的画面、音效、故事情节、人物的语言和行为规范中。

20世纪90年代后半期由美国Origin公司制作的角色扮演游戏《网络创世纪》（《Ultima Online》）曾风靡全球，在该游戏所建构的虚拟世界中就拥有一套完整的"道德体系"：正直（Honesty）、怜悯（Compassion）、英勇（Valor）、公正（Justice）、谦卑（Humility）、精神（Spirituality）、荣誉（Honor）、牺牲（Sacrifice），这八项美德无一例外都来自西方社会的基督教传统和中世纪骑士精神。③当参与者沉浸于游戏世界的时候，难免会受

---

① 《央视点赞李子柒：她的视频，没有一个字夸中国好，但讲好了中国故事》，中国经济网百度百家号，https://baijiahao.baidu.com/s?id=1652510742505914475&wfr=spider&for=pc。

② 张毓强、庞敏，《生活日常的全球化与国际传播产业化路径的探索——关于李子柒现象的讨论》，《对外传播》微信公众号，2020年3月7日。

③ 翁佳焰，《我国重拳整治网游业　把握研发环节乃发展关键》，《通信信息报》，2009年10月9日。

到其中所蕴涵的西方传统宗教文化的影响。

近年来，在中国游戏产业面向海内外推广的过程中，游戏中承载的富有"中国味"的网络文学、动画、音乐不仅拉近了游戏与用户间的距离，也为国外公众了解中国传统文化打开了一扇窗户。游族网络《少年三国志》用少年形象刻画熟悉的三国人物，以少年的名义重塑三国，用全球年轻人普遍接受的热血风格重述三国历史，将三国故事更鲜活地呈现给全球玩家，成为中国传统文化传播的良好切入点。完美世界则将南京夫子庙历史街区实景植入《诛仙手游》中的庙会场景，让玩家在游戏中领略盛世秦淮风光，得到玩家的好评。掌趣科技通过输出多款不同类型精品游戏在中国文化"走出去"大潮中起到积极作用，其中以武侠文化为背景的《大掌门》系列作品就在东南亚市场广受欢迎。[①]

（四）网络文学

文学可以跨越国界，也可以深入灵魂，网络文学中的"故事"可以负载人们共同的情感表达，满足人们内心的精神需求，向世界呈现一个国家的文化魅力。

以中国的网络文学为例。经过 20 多年的高速发展，中国的网络文学已经在世界范围内有了一定的影响力，以至于有人把"中国网络文学和美国好莱坞电影、日本动漫、韩国韩剧并称为世界新的四大文艺现象"[②]。目前，奇幻、玄幻、修真、仙侠类幻想小说以及历史、言情类小说在欧美、东南亚等地已经拥有不少的读者，"网文出海"为成为海外公众认知中国的重要

---

① 邹开元、王俊岭，《中国游戏，海外热起来》，人民网，http://game.people.com.cn/n1/2019/0416/c40130-31031507.html.

② 董江波，《中国网络文学海外传播渐入佳境》，腾讯网，https://new.qq.com/omn/20190113/20190113A0PS54.html.

载体和文明互鉴的一种重要方式。2017 年，中国网络文学作品累积规模达到 1600 多万部，传播范围覆盖 40 多个"一带一路"沿线国家，上线英法日韩等十几种语种版本，海外读者年增 28.4%。2018 年，中国网络文学作者数量达到 875 万。[1] 此外，一些受中国网络文学影响的海外作者也加入创作群体中来，"起点国际"开创原创功能后的短短一年时间内已经注册外国作者 4.8 万人，原创故事 78000 部。[2] 海外作者喜好中国文化，同时又了解母国文化和读者阅读心理与习惯，省去翻译环节，对中国文化的海外传播具有积极意义。

（五）网络图书

以数字化形式存在的网络图书亦是网络公共外交的必要媒介。以"欧洲数字图书馆"为例。

2005 年初，时任法国总统的希拉克提议欧洲创建自己的数字图书馆，而欧洲一些图书馆也要求欧洲国家制衡 Google 的数字图书馆计划。他们认为，Google 正在建设的网上图书馆可能加强美国的话语霸权，未来的孩子将在美国语言、文化和思维主导的环境里成长。因此，必须对 Google 计划进行"欧洲人的反击"，让人们更好地了解欧洲的智慧、历史以及科学文化遗产，并保护文化的多样性。[3] 经欧盟组织协调，2008 年 11 月欧洲数字图书馆正式启动，两年后，该图书馆中的电子版藏品超过 1400 万件，其中34% 是印刷书籍等数字化文字藏品，64% 是照片、地图、绘画等数字图像

---

[1] 《2019 年中国网络文学出海行业分析报告》，中国作家网转载自艾瑞咨询微信公众号，http://www.chinawriter.com.cn/n1/2019/0925/c404027-31372412.html.

[2] 王晓斌，《业界谈"网文出海"：或成中国网络文学下一个爆点》，中国新闻网，http://www.chinanews.com/cul/2019/11-15/9008897.shtml.

[3] 《法国筹建"欧洲数字图书馆"》，科技部官网，http://www.most.gov.cn/gnwkjdt/200507/t20050714_23183.htm.

藏品。所有藏品皆来自欧盟各成员国。[①]

中国国家图书馆也顺应网络和数字科技的发展趋势，积极推进数字图书馆建设。截至 2017 年底，国家图书馆数字资源总量达 1063.87TB。国家图书馆积极推进海外中国文化中心数字图书馆建设，结合国家外交大局，有针对性地推送特色鲜明、内容丰富的中华文化优秀数字资源，通过线上线下多种方式举办展览、讲座等文化活动，加强中华优秀传统文化在海外的传播推广，提升中华文化的国际影响力。国家图书馆还同时推进中日韩数字图书馆、中阿数字图书馆等项目的建设。[②]

二、网络语言教学是网络公共外交的一项重要内容

语言作为人类信息传播活动的基本符号系统，与文化有着密不可分的联系。一方面，语言折射文化，是文化的重要载体，一个民族的文化和精神生活因语言而得以记录和保存。另一方面，不同的语言反映了不同民族和国家在历史发展、社会制度、思维习惯、宗教信仰、价值观念方面的差异。在一定意义上，人们对一种语言的喜好和接纳程度表明对该语言所蕴涵的文化和价值观念的认同程度，也间接反映了一个国家的影响力和在国际社会的地位。正是认识到这一点，许多国家都积极利用多种渠道，通过语言的传播来扩大自己的文化影响，其中一个重要方式就是网络语言教学。

网络语言教学的主体主要有两个。

（一）语言教学机构

如法国的法语联盟、德国的歌德学院、西班牙的塞万提斯学院、中国

---

① 刘秀荣，《欧洲数字图书馆藏品超过 1400 万件》，新华网，http://news.xinhuanet.com/world/2010–11/18/c_12791872.htm.

② 参见中国国家图书馆官网：http://www.nlc.cn/dsb_footer/gygt/ndbg/.

的孔子学院。这些语言教学机构主要通过在国外设立教学点的方式，来推广各自国家的语言文化。近年来，在网络兴起后，它们又充分利用互联网的互动性，积极提供网上语言教学服务。2009 年，孔子学院总部成立网络孔子学院，为各国孔子学院和国内外院校搭建网络教育云平台，帮助世界各国汉语学习者通过网络学习中国文化。到 2017 年，孔子学院注册会员达62 万，日均活跃用户 3.6 万，累计访问人数 2622 万人次。

除了官方的语言教学机构，一些专事于外语培训教学的私营机构也为网络公共外交做出了贡献。

（二）广播电视机构

广播电视机构利用自己所创办的网站，把已经有相当知名度的传统语言教学栏目嫁接于网络。像 BBC 英伦网设有英语教学、走进英国、留学英伦、英超足球等栏目；日本 NHK WORLD 在其官网上提供有 17 种语言的日语教学节目"简明日语"；中国国际广播电台在其官网上开设了"你好"中文学习板块，下设"Learn through News、Takeaway Chinese、Living Chinese、Chinese Studio"4 个栏目，并将"你好"开发成 APP 应用，放在应用商店供用户下载使用。

三、网络跨文化传播与结构性失衡

文化多元性是一种共时性的客观存在。《联合国教科文组织国际专家研究报告：多种文化的星球》一书中将全球文化大致分为八种：欧洲文化、北美洲文化、拉丁美洲文化、阿拉伯文化、非洲文化、俄罗斯和东欧文化、印度和南亚文化、中国和东亚文化。这些不同的文化孕育、发展的自然环境、历史条件、民族传统不同，其中所蕴含的宗教观、价值观、思维方式、生活方式也有很大差别。在网络公共外交中，来自不同文化背景的主体必然都会遇到跨文化传播的问题。

跨文化传播有三个层次的目标。一是顺畅的人际交往。来自不同文化背景的交流双方，克服语言的障碍、思维方式和文化的差异，最大可能地减少"误读"，实现彼此较为顺畅的对话。二是达成"有限共识"。在求同存异、相互尊重的前提下，双方就一些话题形成基本一致的意见，达成某些层面的或局部的共识。这是跨文化传播主要追求的目标。三是实现文化认同。双方对彼此的文化、价值观和信仰不只是尊重，而是在内心完全认同，彼此欣赏；对对方所在国家的政治制度和发展模式也予以充分理解和接受；对一些问题的认识高度一致，对问题的解决能够采取不设防的信任合作态度；更进一步，双方的文化在交流互补中日益实现融合增值。这是跨文化传播的最高境界，也是网络公共外交的努力目标。

在跨文化传播中，误读乃至对立的情形并不少见，再加上文化背后的制度碰撞和国家权力博弈，冲突更有可能发生，但对这种冲突要有一个清醒的认识。美国政治学家塞缪尔·亨廷顿从"文明冲突论"的角度阐述了自己的观点：后冷战时代的国际冲突将在不同文明之间进行，各文明交界的"断层线"地区尤其可能爆发剧烈的冲突，世界将呈现文明间集团对抗的情况。[①]"文明冲突论"作为近年来影响较大的一种国际关系理论，与公共外交理念是相抵触的，更令人担忧的是，"文明冲突论"预设了文明的高低优劣和等级，与种族主义只有一步之遥。

目前，互联网中90%的信息是英文，世界上6000种语言中的大多数都没有机会在互联网中呈现，[②]"数字鸿沟"这一结构性失衡现象将长期存在。对中国来说，网络公共外交不但面临语言的障碍，信息的流进与流出之间也存在逆差，挑战是巨大的。

---

① 田德文，《"文明冲突论"错在哪里？》，《人民论坛》，2019年第21期，第22-23页。
② 张雷著，《虚拟技术的政治价值论》，东北大学出版社，2004年版，第88页。

第四节　网络公共外交的经济属性

网络的兴起深深根植于工业资本主义全球化扩充的历史动力基础之上，从一开始就蕴含着经济的因子。"网络科技的应用与对现代社会所产生的重大影响，以及网络的全球化发展，其实是资本主义扩充张力的一种展现。为有效解除 20 世纪 80 年代末期以来资本主义社会中所产生的经济危机，寻求资本发展的新方向，需要实现发达国家之间的融合，以及对发展中国家的整合。在此背景下，快捷的全球化商务连接，便成为创新生产工具的依据。"①

30 年来，互联网所掀起的信息化浪潮汹涌而来。作为先进生产力的代表，互联网不但对传统农业、工业进行融合改造，其本身也快速跨越单纯技术工具的原生束缚，通过内容生产和平台服务成为现代经济结构中举足轻重的新兴产业。2017 年，全球数字经济规模达到 12.9 万亿美元，其中，云计算服务市场规模达 2602 亿美元，大数据市场规模约 350 亿美元，网络零售交易额达 2.3 万亿美元；同时，数字技术与服务业深度融合，推动共享经济、互联网医疗、在线教育、在线旅游等新业态新模式蓬勃发展。②

近些年，随着自身实力的增强，中国的一些互联网企业积极开拓国际市场，参与海外市场竞争。以网络游戏为例。近年来，腾讯、网易、完美世界等国内大型游戏公司与海外游戏开发商的合作日益密切，为国产游戏的大规模"出海"奠定了良好基础。《2018 年中国移动游戏出海报告》显

---

① 刘文富著，《网络社区与国家治理》，商务印书馆，2002 年版，第 52 页。
② 中国网络空间研究院编著，《世界互联网发展报告 2018》，电子工业出版社，2019 年版，第 4 页。

示，2018 年中国游戏类应用的全球总下载量约 32 亿次，同比增长 39%；总用户支出约 61 亿美元（约合人民币 408 亿），同比增长 49%，整体增速均高于全球移动游戏产业的增长水平。[①]

还有一些互联网平台企业尽管更多侧重于渠道建设，但因为其本身具有的国别标签，也"无意"间成为网络公共外交的重要载体，截至 2018 年 5 月，抖音海外版已覆盖全球 150 多个国家，月活用户过亿。App Annie 数据显示，抖音海外版 TikTok 在日本、泰国、马来西亚、柬埔寨、印尼和越南，火山海外版 Vigo Video 在印度和巴西，musical.ly 在美国、德国、法国和俄罗斯，均多次登顶当地 App Store 或 Google Play 总榜。[②]抖音是中国本土企业，其海外版的全球流行对海外用户增进对中国的认知具有积极意义。

---

① 《文化产业 70 年逆袭：本土娱乐内容从配角到主角》，第一财经百度百家号，https://baijiahao.baidu.com/s?id=1644389696298009093&wfr=spider&for=pc.

② 孟环，《抖音海外版已覆盖全球 150 多个国家 月活用户过亿》，北晚新视觉网站，https://www.takefoto.cn/viewnews-1491056.html.

第三章　美国政府的网络公共外交

对美国政府来说，开展网络公共外交既有出于对外介绍国情、表达政府立场、维护国家形象方面的考虑，更有对外输出其民主价值观念、促进国家安全、谋求全球霸权的深层用意。1996年1月，日本《选择》月刊发表了一篇题为《美国建立了不可动摇的对日优势——以互联网的统治者称霸》的文章，集中阐述了"网络资本主义"和"网络霸主"的观点——"世界正在以互联网为代表的信息通信网络发展和实现市场自由化的潮流中向'网络资本主义'转变"；"这股潮流的源头就是美国"；"实际上，美国现在的重点是以可以创造无限财富的互联网络的统治者的身份称霸"；"美国的真正意图是完全控制高度发达的电信和信息网"；"控制互联网，就是通过覆盖全球的网络来控制世界上每个人的喜怒哀乐，控制财富和国家权力的源泉——信息。"[①]

约瑟夫·奈和克林顿前参谋长联席会议副主席威廉·欧文斯在《美国的信息优势》一文中指出："一个国家如能最出色地领导信息革命，这个国家将比其他国家更加强大。在可预见的未来，这个国家就是美国……美国的优势是它收集、处理、加工和传播信息的能力……这种新的技术优势使美国得以立即利用其强大的'软力量'手段，发挥它的意识形态、文化和

---

① 郭焜著，《信息哲学——理论、体系、方法》，商务印书馆，2005年版，第387页。

经济模式及社会政治制度的吸引力。"①

第一节　美国政府网络公共外交的物质与技术基础

一、"信息高速公路"计划

1992年，克林顿在其竞选文件《复兴美国的设想》中强调指出："50年代在全美建立的高速公路网，使美国在以后的20年取得了前所未有的发展。为了使美国再度繁荣，就要建设21世纪的'道路'，它将使美国人得到就业机会，将使美国经济高速增长。"②所谓"21世纪的道路"，即"信息高速公路"。克林顿上台后不久，美国政府于1993年9月公布了《国家信息基础设施：行动纲领》（National Information Infrastructure，简称 NII），通常称为"信息高速公路"计划。

NII 的目标是用光缆和相应的硬软件设施以及网络体系把美国国内的政府机构、学校、公司、医院、图书馆等不同的机构及每个家庭都连接起来，建成一个能够为用户随时提供大量信息的，由通信网络、计算机和数据库等组成的无缝网络。为了实施 NII 计划，美国政府出台一系列措施，如成立国家信息基础设施顾问委员会、信息基础设施特别工作小组、民间企业咨询委员会等领导机构，适时调整相关法律以促进信息技术的开发和运用，加强知识产权保护，加大财政投入和支持并广泛动员民间力量，扶持信息

---

① 约瑟夫·奈、威廉·欧文斯，《美国的信息优势》，《参考资料》，1996年第14期，转引自郭明飞著，《网络发展与我国意识形态安全》，中国社会科学出版社，2009年版，第108页。

② 王喜文、江道辉，《美国"信息高速公路"战略20年述评（一）》，中国经济网，http://intl.ce.cn/specials/zxxx/201309/16/t20130916_1508249.shtml.

技术中小企业发展等。① "信息高速公路" 计划的实施，在美国掀起一股声势浩大的信息化建设浪潮，推动政务、教育、传媒、医疗、金融、交通等行业向网络化方向加速发展。

二、"全球信息基础设施" 计划

"信息高速公路" 着眼美国国内的网络互联互通。在推出 "信息高速公路" 计划不久，美国政府于 1994 年初又提出 "全球信息基础设施"（Global Information Infrastructure，简称 GII）的概念，时任美国副总统戈尔认为 "对人类大家庭的所有成员来说，维持发展的基本前提是创建连接各个网络的全球网。为了实现这个目标，立法者、管理者及企业家必须要建成并开通一个全球性的信息基础设施，它为每个人提供周游世界的环球高速公路。"② 在美国的倡导下，1995 年 2 月，欧盟主持召开了全球信息基础设施国际会议。会议提出了建立 "全球信息社会" 的目标，讨论了 "'全球信息社会' 的行动准则与竞争政策，信息高速公路基础设施的发展、入网与应用，'全球信息社会' 对社会和文化可能带来的影响" 三项议题，确立了 8 个基本原则：促进积极竞争，鼓励私营部门投资，确立行动准则框架，保障大众进入信息社会网络，保障提供与进入网络的普遍性，促进公民机会均等，促进语言、文化的多样化，承认世界范围合作的必要性，给予欠发达国家以特别的关注。会议还制定了发展全球信息社会的 11 项示范计划。③ 此外，在美国的推动下，全球信息基础设施委员会（GIIC）于 1995 年 2 月在华盛顿成立。GIIC 作为一家国际性组织，在组织、协调世界各国，尤其

---

① 蔡翠红著，《美国国家信息安全战略》，学林出版社，2009 年版，第 27-28 页。

② 承继成等编著，《国家空间信息基础设施与数字地球》，清华大学出版社，1999 年版，第 83 页。

③ 鞠庆麒等编著，《世纪工程：信息高速公路》，经济科学出版社，1996 年版，第 20 页。

是发展中国家开展信息基础设施建设方面具有积极的推动作用。

"信息高速公路"计划和"全球信息基础设施"计划的实施在美国国内推动了信息产业和知识经济的勃兴,增加了出口,提高了就业率,带来美国经济的全面发展;在世界范围内,则促进了信息、资本、商品和服务等生产要素的流动,加速了全球化进程,树立了美国在世界信息领域的主导与领先地位。除此之外,美国提出 GII 也有其政治目的。美国政府已经意识到,西方的文化和政治价值观可以通过 GII 提供的平台潜移默化地向发展中国家渗透,"高速发展的'全球信息基础设施'将促进民主的原则……世界上的公民,将有机会获得同样的信息,从而使世界具有更大意义上的共同性"。[①] 对此,美国《商业周刊》在 1995 年的一篇报道做了更为生动和形象的描述:"互联网在沙特阿拉伯和其他阿拉伯国家引起一场激烈的辩论……一位媒体分析员说,由于海湾的社会非常闭塞,自由交流思想和信息的想法对他们的国民有吸引力。你在墙上找不到的政治漫画,你在互联网上可以到处看到。"[②] 由此来看,和其他国家相比,美国官方和传媒界对网络在公共外交中作用和地位的认识相对要早些。从实际效果看,两个计划的推进,促进了全球网络的互联互通,为美国网络公共外交提供了技术前提和物质基础。

第二节　美国政府网络公共外交的组织架构

2010 年,《美国国家战略传播框架》(National Framework for Strategic Communications) 颁布,这是一个关于美国公共外交和战略传播的中长期

---

① 蔡翠红著,《美国国家信息安全战略》,学林出版社,2009 年版,第 226 页。
② 明安香主编,《信息高速公路与大众传播》,华夏出版社,1999 年版,第 119 页。

规划。根据该框架，美国公共外交的主管机构既包括国务院、广播管理委员会、美国国际开发署，也涉及国防部、国家情报联合体、国家反恐中心等国家安全部门，这些机构统一受国家安全委员会领导。此种组织架构清楚地表明美国公共外交为国家安全和国家战略服务的实质。其实，这样一种制度安排是有其历史渊源的，像成立于1951年的心理战略委员会，作为杜鲁门政府时期的重要公共外交机构，其成员就包括了副国务卿、国防部副部长、中央情报局局长和参谋长联席会议的一名顾问。目前，美国公共外交所涉及的政府部门同样也是美国网络公共外交的主管部门。

国家安全参谋部（National Security Staff）。根据《美国国家战略传播框架》，国家参谋部的主要职责有三项：确保信息传播和交流活动在国家安全委员会和国土安全委员会制定政策过程中的影响；确保在参谋部内部建立战略沟通机制；确保在不同机构间建立类似沟通机制。

国务院（Department of State）。在美国的行政架构中，国务院是制定对外政策和负责外交事务的最重要部门。成立于1953年的副部级机构美国新闻署曾是战后美国公共外交的最主要机构，其使命包括：1. 向外国人们介绍和解释美国政府的目的和政策；2. 积极地说明美国政策和世界其他国家人们的正当追求之间的相互关系；3. 对歪曲或阻碍美国的目标与政策的不友好活动进行揭露和反击；4. 介绍美国人们生活、文化的一些重要方面，以便有利于理解美国政府的政策和目标。[①] 美国南加州大学公共外交教授、皇家历史学会研究员、公共外交委员会成员尼古拉斯·卡尔认为，"正是由于有了美新署（美国新闻署简称），世界得以了解美国的思想和文化。在没有任何一个私人公司能够在全球传播信息的时代，美新署成为了'全球化'的机构，在其所处的时代里的重大事件中发挥了至关重要的作用……世界

---

① Sorensen，Thomas C.，*The Word War：The Story of American Propaganda*，Harper & Row，1968，p49.

各地的报纸从美新署及其办事处获得（美国领导人的）讲话稿和新闻；利用邀请世界未来的领袖人物到美国访问的机会对他们进行栽培；数以百万计的人们阅读到美新署的图书和报纸，观赏它的电影。包括苏联的赫鲁晓夫到印度的尼赫鲁等各国人士通过参观美新署举办的展览，或者走进美国人的家庭，或者收听美国之音的广播亲身体验美国的生活和了解美国的科技进步。"① 冷战结束后，公共外交在美国一度遭受冷落，1999 年 10 月，美国新闻署被分解，其原有职能由国务院和广播管理委员会承接，自此以后，国务院成为美国公共外交的一个重要主管机构。具体来讲，美国的网络公共外交主要由国务院内设的国际信息局来负责。

国防部（Department of Defense）。在作战层面上，国防部与美军认识到战略传播的重要性，致力于将战略传播融入各级军事活动的规划与执行中。② 国防部在公共外交方面的主要职能是信息运营、心理战、协调军方与国务院和媒体的关系、处理相关公共事务等。

广播管理委员会（Broadcasting Board of Governors）。该机构于 1994 年根据《国际广播法案》成立，管理由美国政府发起创办的非军方国际广播机构，其任务是"促进世界信息和观点的开放交流，支持民主，自由表达，接受和发布信息"。③ 其下属机构主要包括：美国之音、自由欧洲电台、自由亚洲电台、马蒂广播电视台、中东广播网。2010 年时，这些广播机构用 60 种语言播出节目，同时大都在互联网上设有网站，供用户在线或下载视听，每周可覆盖听众 1.75 亿人。广播委员会由以国务卿为首的董事会管理，9 名成员分别来自共和党与民主党。

---

① 《从美国新闻署的兴衰看美国公共外交的演变——评〈冷战和美国新闻署：1945 年至 1989 年的美国宣传和公共外交〉》，黄友义，《公共外交季刊》，2015 秋季号，第 115 页。

② ［美］爱德华·默罗，佚名译，《战略传播与公共外交：美国防部与国务院的作战协作》，搜狐网，https://mil.sohu.com/20130427/n374220101.shtml.

③ 参见百度百科：广播理事会。

美国国际开发署（United States Agency for International Development）。1961 年，时任美国总统肯尼迪签署了国会通过的对外援助法案，正式成立美国国际开发署，以整合所有外援机构，统一开展工作。随着时代变迁和美外交重点转变，美国际开发署的工作重点也不断调整：20 世纪 70 年代，其重点从原来的提供科技和资本援助转向提供卫生、教育和人力开发；80 年代，其重点转向扶植自由市场；90 年代，其重点转向推动经济可持续发展和推广民主；进入 21 世纪，其工作重点转移到在伊拉克、阿富汗的战后重建。但美国国际开发署的总体目标一直与肯尼迪时代保持一致：通过海外援助等行动，在帮助当地民众提高生活水平、抗击疾病、摆脱贫困、救灾重建、普及教育的同时，配合和支持美政府推广民主和开拓市场的外交政策目标。[①] 具体到网络公共外交，其主要任务是在目标国开展通信基础设施援建和开展媒体技能培训。

国家情报联合体（Intelligence Community）。该机构由国家安全局、联邦调查局、中央情报局等 17 家情报部门组成，国家情报总监办公室负责总协调，主要活动包括：资料搜集和整理、反间谍工作、政治和准军事干预活动，如开展宣传战、心理战、暗中资助他国反政府组织、颠覆他国政权等。在网络公共外交方面，其主要任务是分析国外公众舆论及其传播模式和内在机制。

国家反恐中心（National Counterterrorism Center）。该机构于 2004 年由美国国会根据"9·11"事件独立调查委员会的建议批准成立，主要职责是：通过分析潜在威胁，领导美国国内外的反恐行动，与盟友分享信息并整合所有的国家权力手段，以确保发挥合力作用。[②] 在美国的国家战略传播

①　支林飞，《国际开发署在全球频密渗透》，参考消息网，http://ihl.cankaoxiaoxi.com/2012/1015/105006.shtml.

②　何强强、沈彦，《国际资料信息》，2010 年第 2 期，第 22 页。

构架中，国家反恐中心独立于国家情报联合体，同时发挥着沟通协调职能，拥有介入外交、军事、情报等事务的权力，在反恐宣传中发挥了重要作用。

奥巴马上台后，曾组建了两个与网络公共外交有关的机构。一是白宫网络安全协调办公室（Office of White House Cyber Security），职责是向美国国家安全委员会和国家经济委员会汇报工作，协调美国联邦政府的军事和民事部门网络安全政策。二是在国务院设立网络事务协调员办公室（Office of the Coordinator for Cyber Issues），负责网络安全，协调国务院内部及与其他政府机构的合作。

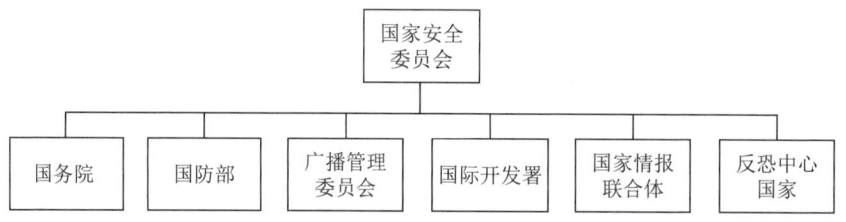

图1　美国政府网络公共外交的组织架构

第三节　美国政府网络公共外交的发展脉络

一、克林顿政府时期（1993—2001）：起步阶段

NII和GII计划的实施，给美国传统媒体带来革命性变化。以美国之音为例。1994年，有着50余年历史的国际广播机构"美国之音"开始通过互联网发布文字新闻，后来又增加了音频和视频节目。

1994年10月20日，白宫官方网站开通，这是美国政府通过网络进行信息传播的标志性事件。用户除了可以随时查阅白宫网站内的新闻稿、演讲稿和其他文件外，还可以以电子邮件形式对这些信息发表评论。1994 年 12 月，美国政府信息技术服务小组提交了题为《政府信息技术服务的前景》的报告，指出：必须利用信息技术来重塑政府对民众服务的工作，通过提供更有效率、更易于采用的服务，建立以民众需求为导向的"电子政府"，实现美国公民与政府的互动关系电子化。①

随着信息技术在全球的扩散，网络所蕴含的特殊国际政治价值，引起美国官方的关注。1996 年，美国公共外交咨询委员会在《信息时代的新外交》中断言：信息革命和海外公众在国家生活中不断增长的权力是新外交的基础。②

但总体看来，在克林顿第一任期内（1993—1997），美国网络公共外交还处于起步阶段，在"参与和扩展"外交战略的指导下，美国主要是以对外广播、派出"和平队"、企业经贸往来等传统方式来开展公共外交。这一方面是因为政府对网络在公共外交中地位的认识还不够深入，同时还因为他国网络基础设施的建设刚刚启动，网络公共外交的基础尚不完备。此外，在这一时期，由于冷战结束，美国确立了全球唯一超级大国的地位，国内保守主义势力抬头，孤立主义思潮出现，公共外交在国家外交战略中的地位实际有所下降，这也在一定程度上影响到美国政府网络公共外交的开展。

在克林顿第二任期内（1997—2001），美国新闻署为缓解来自国会要求改组机构、减少职员、压缩开支的压力，曾出台了 1997—2002 年战略计划（USIA Strategic Plan，1997—2002），主动进行了一些内部改革和调

---

① 王铭，《析美国构建电子政府的原因和认识过程》，《档案学研究》，2003 年第 2 期，第 56 页。

② *A New Diplomacy in the Information Age*，美国国务院官网，http://www.state.gov/www/policy/pdadcom/1996rep.html.

整，客观上促进了美国网络公共外交的开展。同时，美国的政务信息化建设也在推进。1998 年 10 月，《政府纸张消除法案》颁布，该法案要求联邦政府所有工作和服务尽可能以信息网络为基础并在 5 年内实现政府办公的无纸化作业。2000 年，"一站式"综合服务系统"第一政府网"（www.firstgov.gov）开通。

与此同时，美国政府对网络公共外交的认识也逐步走向深化。在 1999 年 12 月发布的《新世纪的国家安全战略报告》中有专门的篇幅来论述网络公共外交："全球化使各大陆的居民关系更加密切，允许他们在顷刻间交流思想、商品和信息……我们有利用公共外交手段，向各国公众宣传美国的原则和政策，促进我们在世界各地的领导作用的义务和机会。在全球促进自由和推广因特网这样的信息技术，增强了美国公民和组织对外国政府的政策发挥前所未有的影响的能力。这使我们的公共外交——向世界各地民众传送情报和信息的努力——成为我们国家安全战略的一个日益重要的组成部分……有效地利用我们国家的信息能力来对付敌人的情报工作和煽动、减轻种族间的冲突、帮助独立的媒体组织和促进信息的自由流动、支持民主参与，有助于促进美国在海外的利益。"具体到媒体方面，1999 年，"美国之音"中文网成立，后逐步设立中文、粤语和藏语三个频道。同年底，"美国之音"53 种语言的对外广播节目大都被上传到网上进行传播。2000 年，"美国之音"推出门户网站，同时还在英语新闻及节目部、外国语言播音部、电脑中心等部门之外，增设因特网服务部，专事网页的设计与编辑。

二、小布什政府时期（2001—2009）：发展阶段

"反恐"是小布什政府时期外交话语的关键词。"9·11"事件后不到一个月，以美国为首的联军便开始对阿富汗实施代号为"持久自由"的军事打击行动。2003 年 3 月 20 日，在"先发制人"军事战略的指导下，美国

又领衔对伊拉克发动了全面战争。

不过，美国的反恐战争并不只局限于硝烟弥漫的战场，2002年9月的《美国国家安全战略报告》宣称，"我们还将发起一场旨在赢得反对国际恐怖主义战斗的思想战争"，为赢得这场思想之战，"我们的外交机构必须适应新的情况以便与他人接触，我们同样需要采取不同的、更全面的方法，为人们提供公共信息，使其了解美国"，"开展有效的民间交流，增强信息和思想的自由流动，让那些生活于全球恐怖主义支持者所统治的社会中的人们激发出对自由的希望与渴望"。4年后，"思想战争"和公共外交的重要性在2006年3月的《美国国家安全战略报告》中再次得到强调，"从一开始，反恐战争就既是武器交锋，也是思想交锋——一场反对恐怖分子并反对他们凶残的意识形态的战争。短期来看，这场战斗涉及利用军队和国家权力的其他工具来捕获或击毙恐怖分子，不让他们有庇护所，阻止他们获得大规模杀伤性武器，切断他们的资金来源。长期来看，要取得反恐战争的胜利意味着要取得思想交锋的胜利，因为将清醒的人转变为愿意残害无辜的杀手的正是思想"，"强化我们的公共外交，从而以清楚、准确、令人信服的方式向全世界宣传美国的政策和价值观……在无稽之谈和歪曲言论在全世界人们的头脑里扎根之前，快速对这些宣传予以驳斥。"

2008年9月，当时负责公共外交和公共事务的副国务卿詹姆斯·格拉斯曼（James K. Glassman）在纪念"9·11"7周年的集会上，阐释了"9·11"后网络在反对恐怖主义中的作用："利用Web2.0等网络技术手段，并与民间组织经常合作，提供一整套用于取代暴力极端主义的、具有积极意义的方案，从而实现我们的目标。"但小布什政府公共外交的目的并不仅仅是反恐，早在2005年1月，即将出任国务卿的赖斯在参议员外交委员会的听证会上说："我们将在全球扩大自由和民主，这是美国外交的伟大使命……我们必须加倍反击仇视性言论，消除危险的谣言，说明事实真相。

我们将增进同世界其他地区的交流，交流的方式是对话而不是独白……我们现在和将来都不会放弃安全标准，但若想使我们的公共外交努力获得成功，我们就不能让自己同世界其他地区隔绝。"[①]2006年12月，由小布什签署的《美国国家安全战略》进一步指出，所有沟通和公共外交必须着眼于：1.强调我们对于民主、人权以及人类尊严和平等的承诺；2.向那些认同我们观念的人提供帮助；3.对抗那些宣扬仇恨和压制的意识形态。

综合考量，小布什政府时期，美国的网络公共外交取得较大发展，不管是机构设置，还是对外传播网站的建设，美国的网络公共外交都迈出了实质性的步伐。

（一）机构设置

2003年1月，美国总统布什颁布命令，将成立于2002年7月的全球传播办公室（The Office of Global Communications）正式确定为白宫负责海外战略传播的机构，旨在协调政府各部门以及公众的对外传播与对外交流工作，确保对外传达简单但有力的信息，如实描述美国的政策和价值观，防止误解和冲突，促进美国与盟友间的相互支持。2005年，白宫机构调整，该办公室被撤销，其职能由国家安全委员会接管。

在小布什第一任期内，作为美国公共外交的主要负责部门，美国国务院在网络公共外交方面的标志性举措是成立"电子外交办公室"（E-diplomacy Office）。该办公室由美国国务院信息管理局于2003年10月组建，主要职能有3项：将国务院外交官纳入信息技术决策进程中来；改善美国国务院内部及与外部的沟通和协调方式；提升资讯管理。[②]其使命在

---

① Melvyn P.Leffler, *"9/11 and American Foreign Policy"*, p410–411. 转引自《美国外交思想史》，王玮、戴超武著，人民出版社，2007年版，第618页。

② 参见美国国务院官网，http://www.state.gov/m/irm/ediplomacy/.

于：让外交官和外事人员随时可以接受、反馈外交信息，以强化美国的外交能力。

2002年12月，小布什签署了《电子政府法案》（E-Government Act），为"电子政府"的建设提供了法律保障。2008年10月，国务院信息管理局发布财政年度电子政府建设报告，对过去5年中《电子政府法案》的执行情况进行了全面总结，认为国务院通过网络技术的运用，使包括他国政府和公众、非政府组织在内的目标受众能够以更经济有效的方式获取有关美国内政外交的信息。[①]

在小布什第二任期内，美国国务院于2006年2月成立"全球因特网自由特别事务组"（The Global Internet Freedom Task Force）。该事务组由包括国务院负责国际通讯政策、人权、民主、工商促进和公司责任等事务的9名官员组成，负责经济、工商和农业事务的副国务卿乔西特·夏纳（Josette Shiner）称，事务组将与美国工商界、非政府组织、欧盟及他国政府合作，以解决有关因特网信息自由的问题。负责民主和全球事务工作的副国务卿葆拉·多布里扬斯基（Paula Dobriansky）公开表达了成立事务组的政治目的："自由信息给人们以自主权，从而能够切实发挥改造国家的作用。特别是，因特网还能成为一股解放人们思想的力量。"[②]

成立"全球因特网自由特别事务组"是美国网络公共外交的一大动作，它表明美国已经不再满足于仅仅把网络作为对外传播的技术性工具，而是把网络信息自由进而是言论自由设置为美国政府外交和公共外交的一个核心议题。此举为后来奥巴马政府提出"互联网自由战略"埋下了伏笔。

---

① *"FY 2008 Report on the Implementation of Public Law 107347：The E-Government Act of 2002"*，October 14，2008，美国国务院官网，http://www.state.gov/m/irm/rls/115901.htm.

② 《美国国务院官员强调保障因特网自由》，参见"美国参考"网站，https://www.pinterest.com/iipstatechinese/.

（二）平台建设

2001 年 1 月，美国国务院国际信息局开设"美国参考"网站，分英文、阿拉伯文、中文、法文、俄文和西班牙文分别刊出，"以多种形式向国外读者介绍与美国对外政策、社会与价值观有关的各类信息，帮助读者更好地了解美国，以期促进思想和文化交流。"[①] 2006 年，国务院又开设了两个网站："民主对话"网站（Democracy Dialogues）——旨在通过网络互动，激发国外公众参与民主话题的讨论；"共同开创更美好的生活"网站（Partnership for a Better Life）——通过有亲身经历的人讲述美国如何帮助世界各地人们建立更美好的生活。2007 年 9 月，国务院在其官方网站开设博客"外交笔记"（Dipnote），以"避开外交辞令和套话，以坦诚的方式与公众交流有关美国对外政策的话题。"[②]

从 2003 年开始，美国国务院每年还与全球学校网基金会（Global SchoolNet Foundation）主办"打开外交大门"（Doors to Diplomacy）网站设计比赛，旨在促使 13 至 18 岁的青少年创建介绍全球问题和说明外交重要意义的网站。

此外值得关注的是，2006 年，美国国际广播局与"藏独"组织联合推出一项针对中国的网络行动计划——"哲瓦在线"。"哲瓦在线"的任务很明确：利用互联网对中国网民进行煽动蛊惑，渗透策反，制造谣言引发动乱并搜集中国情报。一位曾经在"哲瓦在线"工作的藏族青年揭露说，该组织是一个听命于美国的网络间谍机构，拿美国人的钱，受美国人监督，

---

① "美国参考"简介：http://iipdigital.usembassy.gov/iipdigital-mgck/about-us.html#axzz1Sb M1aW6q.

② 王薇，《美国务院网站博客，公众了解外交窗口》，新华网，http://news.xinhuanet.com/ internet/2007-10/10/content_6855622.htm.

并为美国人服务。^①

三、奥巴马政府时期（2009—2017）：纵深阶段

由于伊拉克战争、关塔那摩监狱虐囚丑闻、在国际气候问题立场上的出尔反尔等原因，美国的国际形象一度大打折扣。2008 年，由英国广播公司和马里兰州大学"对外政策评价课题组"联合进行的民调显示：在被调查者当中，23 个国家（包括和美国关系比较密切的加拿大、澳大利亚、英国等国）的公众倾向于认为，美国在国际上的影响主要是负面的；仅有 9% 的埃及人，12% 的巴基斯坦人，19% 的摩洛哥人，23% 的印尼人相信美国反恐战争的主要目标是为了让美国免于恐怖袭击，而不是在军事上主宰中东或削弱和分裂伊斯兰宗教与人民。^②

这种情形已经严重影响到美国的国家安全战略和长远发展。事实上，在政治多极化、经济和信息传播全球化的背景下，美国在反恐、疾病防控、打击走私和人口贩卖等事务中很难独善其身；同时，美国的"民主输出"也需要对象国民众的舆论支持。因此，2009 年 1 月，奥巴马政府上台后，为重振美国的全球影响力，更好地实现其国家利益，及时对小布什政府奉行的单边主义强硬外交政策做出调整，给予公共外交以前所未有的重视。^③

（一）官方网站升级改版，加强与用户的沟通

2009 年 1 月 21 日，奥巴马在首个办公日即签署一份备忘录，承诺利用互联网来提高政府的"透明度、参与性和协作性"，"技术革新对我们摄

---

① 梁辉、雷文佳，《媒体称美国每年出巨资雇网络间谍策反中国网民》，新浪网，http://news.sina.com.cn/c/sd/2009-04-09/114517576368.shtml.

② 王更喜，《美国公共外交新动向》，《中国社会科学报》，2010 年 7 月 15 日。

③ 同上。

取信息和彼此沟通的方式和手段都产生了深刻影响。白宫网站是政府努力通过互联网迅速和有效地与公众沟通的一个重要组成部分。"当月，白宫网站改版。5月1日，白宫又全面进军美主流社交网站，不仅在"Myspace"和"Facebook"上开设了网页，还通过 Twitter 发出第一批讯息。在短短数小时内，在"Facebook"上已有 3.1 万网民成为"追随者"，在"Myspace"上也有超过 4000 网民加入，还有近万名网民注册成为 Twitter 博客的"粉丝"。[①]

美国国务院网站也紧随其后及时改版。希拉里办公室主任谢里尔·米尔斯认为："在外交新时代，运用新媒体是关键。利用新媒体发挥美国外交'巧实力'并扩大交流，对实现美国外交政策目标至关重要。"新版网站上的谷歌地图显示希拉里每次出访的行程，网友可在网络虚拟空间跟随希拉里出访；新版网站将原有专栏"向国务卿提问"更名为"给国务卿发短消息"，供网友通过网络或手机向希拉里提问；新版网站链接有社交网站和图片共享网站 Flickr，供网友全方位了解希拉里的外交行程。此外，"外交笔记"新增不少专题、图表，可链接更多外交官的博客。[②]

2009 年 12 月，国务院国际信息局所属的"美国参考"开通中文官方博客"雾谷飞鸿"，该博客共设有"社会与生活、文化与历史、新闻与综述、政治与法治、经济与市场、美国历史画卷、气候与环境、科学与技术、美国文学纲要、在美华人、美国当代人物、经济"等 12 个栏目，博文则由三位在美国国务院工作的美籍华人撰写。为提升传播效果，一年后，"美国参考"和"雾谷飞鸿"在中国《环球时报》官方网站"环球网"上专门开

---

① 杨晴川，《美国白宫全面进军社交网站》，新华网，http://news.xinhuanet.com/world/2009–05–02/content_11299728.htm.

② 杜鹃，《希拉里垂青"E外交"》，新华网，http://news.xinhuanet.com/world/2009–03/25/content_11065190.htm.

设了博客页面，并与位于北京的"时代潮""东西社区"两网站进行信息发布方面的合作。

2011 年 4 月，美国国务院在其官方网站公布了一份《政务公开实施方案》，详细阐述了美国国务院将通过博客、网络视频、互动旅游地图、Facebook、Twitter 等网站与外界展开更加透明、及时沟通的意图，并计划在 2011 财年的第四季度之前，把对 Twitter 的使用率增加 30%。[①] 到 2013 年 7 月初，美国国务院各机构共有 150 多个社交媒体账号，美国政府在全球各类网络平台上共有近 3000 万名粉丝。[②]

（二）线上线下互动

2009 年 11 月，美国总统奥巴马访华是线上线下互动的一个典型案例。在奥巴马抵达上海之前，美国国务院开启 CO.NX 门户网站，欢迎中国网民向奥巴马提问，提问时间一直持续到 11 月 15 日晚 7 点。与此呼应，在当月 12 日，美国驻华大使馆召开"奥巴马访华"博客吹风会，邀请 8 位博主到场，并连线广州、上海的几位博主一起参与讨论，这次吹风会的主要目的也是征集中国网民最关心的问题。11 月 16 日，奥巴马在上海发表演讲并与大学生对话，现场回答了 5 位大学生以及 3 位网友提出的问题，演讲及对话过程在 Facebook 和 Twitter 两网站以及美国驻华大使馆的博客、微博上予以同步报道。

[①] 李智，《美国国务院"微博"上全球问答》，《青年参考》，2011 年 7 月 6 日。

[②] 根据有关媒体报道，美国国务院媒体账号中真正参与互动的活跃粉丝比例很低，甚至一度传出美国国务院斥巨资购买"Facebook"粉丝的新闻。参见：天乐，《美国国务院花 63 万美元在社交网络买僵尸粉》，人民网转载自《广州日报》，http://finance.people.com.cn/n/2013/0706/c1004–22100665.html.

（三）对外广播战略转向

2011 年 2 月，广播管理委员会（BBG）向国会提交 2012 财年预算，建议自当年 10 月 1 日开始，美国之音关闭中文短波、中波普通话广播、卫星电视广播和粤语服务，仅保留中文网站，此举将削减 800 万美元经费和 45 个岗位，缩编后的人力将全部投入互联网和手机传播。BBG 认为：这一新策略承认新媒体用户在中国日益增加的重要性，未来的中文节目将主要针对这一受众群。美国之音将同时加大资金投入，加强针对移动通讯设备的报道。因为根据事前调查，除了特定区域外，在中国的短波收听率大幅下降。[①]

此举表明美国对华广播出现重大战略调整，即由传统的广播、电视媒体转向网络新媒体。在 BBG 下属的新媒体办公室的直接筹划下，美国之音针对中国创建了多个手机多媒体网站，并把藏语广播电视节目的音视频上传于 YouTube 和 Facebook，据 BBG 的统计数字，美国之音中文网站藏文频道的访问用户从 2007 年的每月 1.45 万户增至 2010 年的每月 7.6 万户。美国之音甚至还为自己制定了中国网络用户的增长指标——"2010 年每年增长 50 万户，2013 年每年增长 100 万户，2014 年则要达到每月增长 200 万户。"[②]

此外，为了强推"网络自由"实现意识形态的快速扩张，美国政府还投入专项经费来研发突破他国网络管理的新媒体技术。2010 年，BBG 下属的"技术服务与创新办公室"研发出专门针对伊朗政府的反审查网络工具，美国之音伊朗用户使用该工具软件时，既不需要输入特定网址，也不会留

---

① 关世杰、温基畎，《美国之音的前世今生》，《世界知识》，2011 年第 6 期，第 45—46 页。
② 尹韵公主编，《中国新媒体发展报告（2011）》，社会科学文献出版社，2011 年版，第 17 页。

下访问记录。①

（四）通过网络尤其是社交网站干涉他国内政

美国国务卿希拉里多次强调以 Twitter 为代表的社交网站对于美国政府的重要性："我们要通过新型社交媒体与全世界的年轻人沟通，我们要用最直接的方式将美国的政策传到这些年轻人的耳朵里"。②2010 年 1 月，希拉里会见谷歌首席执行官埃里克·施密特（Eric Schmidt）、Twitter 创始人杰克·多尔西（Jack Dorsey）、微软研究总监克瑞格·蒙迪（Craig Mundie）以及思科执行副总裁波斯特拉姆（Sue Bostrom）等 IT 行业巨头，商讨如何利用"21 世纪的工具"为美国的外交服务。

2010 年的《美国国家安全战略报告》对网络技术给予"厚望"："因特网、无线网络、移动智能手机、卫星、航拍等技术，以及分布式远程感应设施的出现，为促进民主和人权提供了全新的机会。这类技术……为世界范围内的言论自由和不受限制的交流提供更多渠道……我们还将更好地利用这类技术，有效地把我们的信息传达给世界。"

实践中，美国对社交网站的运用已经突破国际关系道德底线，社交网站不但成为美国对外输出"民主"的渠道，也成为介入乃至干涉他国内政的重要工具。

2010 年 3 月 8 日，美国财政部开放对伊朗、苏丹和古巴的互联网服务出口。财政部副部长尼尔·沃林（Neal Wolin）在声明中表示："近来发生在伊朗的事件显示，诸如电子邮件、即时通讯以及社交网络等以互联网为基础的个人通讯是强有力的联系工具，上述软件将促进并支持全体伊朗人

---

① 尹韵公主编，《中国新媒体发展报告（2011）》，社会科学文献出版社，2011年版，第18页。
② 《希拉里欲通过推特沟通全世界年轻人　传播美国政策》，水母网转载自人民网，http://news.shm.com.cn/2011−02/26/content_3399046.htm.

的信息自由流通这一基本人权。与本届政府致力于全世界所有公民的普世权利的坚定承诺相一致，这类一般许可证的发放将使伊朗、苏丹和古巴人民能够使用互联网相互沟通并与外部世界进行联络……我们今天的举措将使伊朗公民、苏丹公民和古巴公民能够行使他们最基本的权利。"[①]

2010年末2011年初，中东和北非阿拉伯世界发生政治动荡，导致突尼斯、埃及政权突变，利比亚陷入战争泥潭。美国则视动荡为介入他国内政的良机。在突尼斯、埃及等国采取封网断网措施后，美国务院随即宣称对"一些互联网服务提供商受政府指使攻击美国互联网公司"深表关切，认为这是一种"干涉"，将"损害公民社会认识新技术价值的能力"。有证据表明，骚乱期间，由美国政府资助开发的洋葱路由器（Tor）不断更新技术，以帮助当地网民登陆被禁网站。[②]

（五）"互联网自由"战略受挫

2010年1月和2011年2月，美国国务卿希拉里两次就"互联网自由"发表讲话，先行对所谓的"互联网自由"进行界定，"标志着美国政府对互联网应用的定位已经超越技术领先、技术垄断和技术控制的层面，更进一步使之成为推进西方民主、政治渗透、和平演变的意识形态工具"[③]，在此战略的指导下，美国的网络公共外交已在某些方面、在一定程度上异化为损人利己粗暴干涉他国内政的网络"单边主义"行为。

在希拉里的大力推动下，"互联网自由"战略似有势不可挡之势。然而，"棱镜计划"（PRISM）的公诸于世让美国自食其言。2013年6月，前

---

① 《美国财政部开放对伊朗、苏丹和古巴的互联网服务出口》，美国国务院官网，http://www.state.gov/.

② 唐岚，《社交网络："中东波"的有力"助推器"》，《世界知识》，2011年第9期，第56页。

③ 蔡玮，《美国"互联网自由"战略的解读与批判》，新华网，http://news.xinhuanet.com/zgjx/2011-03-28/c_13801363.htm.

中情局职员爱德华·斯诺登通过媒体公布了"棱镜计划"绝密文件。该计划显示，美国国家安全局和联邦调查局于 2007 年启动了一个代号为"棱镜"的秘密监控项目，直接进入美国互联网公司的中心服务器里挖掘数据、收集情报，包括微软、雅虎、谷歌、苹果等在内的 9 家国际网络巨头皆参与其中。计划曝光后，美国国内舆论哗然，国际社会高度关注，受此压力，2013 年 7 月底，美国政府被迫主动解密了与斯诺登泄露的"棱镜"网络监控计划及电话监听计划这两大秘密情报监控项目相关的三份文件。"棱镜"网络监控与美国极力鼓吹的"互联网自由"背道而驰，使后者失去了道义上的支持，其合法性更是在全球范围内遭到广泛质疑。此后的数年内，"互联网自由"战略一度销声匿迹，直到 2018 年再度出现在《国家网络战略》中。

四、特朗普政府执政以来（2017 至今）：调整阶段

特朗普当选总统后，大力推行"美国优先"的外交政策，以现实主义为理论基础，强调以实力维护和平，以结果而非意识形态为导向，在美国外交领域进行了重大战略调整，具体表现在：淡化自由世界的领导者角色，不再将维护自由主义国际秩序视作战略利益；坚持以本土利益为本位，拒斥国际主义，推卸全球治理责任；拒斥自由贸易原则，规避多边主义，推行经济民族主义政策；弱化价值观外交，推行实利外交。特朗普的"外交革命"具有鲜明的民族主义和孤立主义色彩，是对自由国际主义外交战略的反动。[①]

在此背景下，特朗普上台后不久，就对美国国务院经费和人员编制进行了压缩，并在 2017 年 8 月撤销"网际事务协调员办公室"，代之以"网

---

① 张旗，《特朗普的"外交革命"与自由国际主义的衰落》，《东北亚论坛》，2018 年第 4 期，第 82-83 页。

络与技术安全理事会"，该机构偏向于技术，通过提供跨部门的网络安全技术支持来为网络威胁提供研判等服务。

不难看出，属于"软实力"范畴的公共外交在美国外交战略中的地位已大幅下滑，以至于到目前仍未见到其出台专门的网络公共外交战略。[①] 不过，从 2017 年《美国国家安全战略报告》和 2018 年的《国家网络战略》中仍然可以看到网络公共外交的相关描述，以及美国政府开展网络公共外交的有关思路。

——互联网是美国的发明，它应该继续反映我们的价值观，继续改变世界各国和后代的未来。

——美国将提高认识，来理解对手如何获得信息和心理上的优势。美国必须真正增强公共外交能力。

——美国将精心设计和指导连续一致的沟通活动，以推动美国的信息传播，并应对来自激进伊斯兰组织和竞争对手的意识形态威胁的挑战。所有的活动将坚持美国的价值观。

——信息战加速了政治、经济和军事竞争，跟能源一样，数据将影响美国的经济繁荣和未来在世界的战略地位。利用数据的能力是至关重要的。

——美国将倡导开放、彼此协作的通信，将全球信息和服务交换的障碍减少到最低。美国将通过积极参与互联网名称与数字地址分配机构（ICANN）、互联网治理论坛（IGF）、联合国、国际电信联盟（ITU）等关键组织，推动数据的自由流动并保护美国的利益。

---

① 2019 年 1 月，美国众议院通过《网络外交法案 2019》（Cyber Diplomacy Act of 2019），该法案主要是阐述美国网络空间国际政策，跟公共外交并没有直接关联。

第四节　美国网络公共外交与国家安全

网络公共外交是信息全球化时代美国维护国家安全的一个重要途径。在实践中，美国网络公共外交经常得到中央情报局等国家安全部门的支持、配合乃至参与。另一方面，作为国家安全战略重要组成部分的网络安全战略的制定与实施为美国网络公共外交的开展提供了技术和安全保障。

一、网络公共外交是美国维护国家安全的重要途径

美国政府认为其民主价值观念与美国国家安全之间存在一种内在的逻辑关联。

一方面，民主价值观念是美国国家利益和国家安全的重要组成部分，民主价值观念受到威胁将危及整个国家安全。如1991年《美国国家安全战略报告》所言：美国国家利益之一就是"作为自由独立的国家要生存下去，同时确保其基本价值观不受损害"。又如2009年5月奥巴马在美国国家档案馆的讲话中所表述的："我们坚持我们最珍视的价值观。不仅因为其正确，而且还因为这样做能促进国家繁荣，保障国家安全。价值观一直是美国最为宝贵的财产——无论是战争年代还是和平时期，无论是国运亨通之时还是社会动荡之际，都是如此。"2017年《美国国家安全战略报告》指出，"我们将提高美国的影响力，因为一个支持美国和反映美国价值观的世界会让美国更加安全和繁荣"。

另一方面，对外输出其民主价值观念有利于美国的国家安全。美国政府长期坚持两个信条：1.美国的民主价值观念是完美无缺的，是其他国家效仿的榜样。1796年，美国开国总统华盛顿在告别演说中宣称："在不久的

将来，这个国家将称得上是一个自由的、进步的和伟大的国家。一个始终由正义和仁慈所指引的民族为人类树立了榜样。"①事实上，200多年来，美国一直自认为"自己是自由的灯塔，民主的堡垒，是世界上自由能给人们带来美好前景的活生生的例证。"②2.民主是增进世界和平与繁荣从而也是维护自身安全的最佳渠道。美国学者托尼·史密斯（Tony Smith）指出："在过去的一个世纪中，美国外交政策最宏伟的目标就是将在海外推广民主作为维护国家安全的重要途径"③。克林顿在就任美国总统前的一次竞选演说中做如是阐述："在全世界保卫自由和推进民主并非仅仅因为它反映了我们根深蒂固的价值观，这对于我们的国家也是至关重要的……其他国家的治理应当是与我们有关系的，民主国家不会诉诸战争，民主一直都是一支稳定力量，它为解决争端提供了非暴力的方法。"④回顾历史，二战以后的历届美国政府，无论是共和党政府还是民主党政府，都将输出美国的社会制度和价值观念视为外交政策的基石和重要目标。即便是当前奉行孤立主义的特朗普政府，也在2018年9月发布的《国家网络战略》明确指出，"互联网已经在国内外产生了巨大的经济效益，它将有助于推广美国的自由、安全和繁荣三大价值观"。

相对于政府外交、军事手段和传统公共外交，网络公共外交契合了信息科技发展的最新趋势，经济、便捷、方式灵活，可以直接与他国网民对话以影响其价值观和生活方式，因而在很短的时间内能够被美国政府重视

---

① *Washington's Farewell Address 1796*，耶鲁大学法学院官网，https://law.yale.edu/.

② ［美］比尔·克林顿著，金灿荣等译，《希望与历史之间：迎接21世纪对美国的挑战》，海南出版社，1997年版，第117页。

③ Tony Smith, *America's Mission：The United States and the Worldwide Struggle for Democracy in the Twentieth Century*，Princeton University Press，p4.

④ ［美］比尔·克林顿，戴超武译，《美国安全的新誓约》，《美国研究参考资料》，1993年第2期，第22–24页。

并很快成为其"21世纪治国方略"中的新式"武器"。

二、国家安全部门的支持、配合和参与是美国网络公共外交的重要方面

从实践层面看，二战结束后，美国的公共外交经常得到国家安全部门的支持、配合乃至参与。有证据表明，中央情报局在1948年配合美国之音，指导并参与了意大利和法国国家选举中的宣传战；在1950—1970年代，参与了"自由之声"和"欧洲自由之声"电台的宣传战，并对国内外的一些出版机构和团体予以资助；在1986年，还试图在西方和美国新闻媒介当中散布假情报，以动摇利比亚的卡扎菲政权。[①]

国家安全部门所从事的秘密行动与美国所倡导的自由、民主、人权观念及诚实、守信等基本道德准则大相径庭，因而常常招致美国国内民众的质疑和国际社会的批评，而美国政府则每每以国家安全为由来做回应。事实上，美国传统公共外交所具有的谍报色彩也同样体现于当前的网络公共外交当中。有案例为证。

1. 2007年，中情局悄悄拿古巴做试验，以研究网络舆论对一个国家民众的影响力。在中情局的指示和安排下，有人在互联网上张贴了有关卡斯特罗病情和"兄弟接班"问题的文章，结果"尽管古巴尚未向全民开放互联网，但古巴政府很快发现民众人心浮动"。古巴安全机构事后分析得出结论：在那段时间里，经常在网上发表"敏感文章"的人背景"不简单"，他们受雇于美国情报机构，专门在网上张贴攻击古巴体制的文章和有关领

---

① ［美］杰里尔·A·罗赛蒂著，周启明、傅耀祖等译，《美国对外政策的政治学》，世界知识出版社，1997年版，第201–207页。

导人情况的假消息。[①]

2. 2009 年 4 月和 6 月，摩尔多瓦和伊朗先后于选举期间发生骚乱。在这两起政治事件中，Twitter 均扮演了发布匿名帖子、传播虚假民意、制造混乱舆论的战略角色，以至于"中情局突然发觉，通过互联网输送美国的价值观，远比派特工到目标国家或培养认同美国价值观的当地代理人更容易"[②]。国防部长盖茨表示，Twitter 等新媒体已成为"美国巨大的战略资产"；《纽约时报》则毫不讳言地指出，奥巴马政府已把 Twitter 等新媒体技术视为"外交箭袋中的一支新箭"。[③]

3. 英国《卫报》2011 年 3 月 19 日的报道披露：美国军方正在与一家本土公司秘密研发一种新型软件，以利用伪造的用户身份在网络上发表言论。据称，风靡全球的社交网站"Facebook"和微博站点"Twitter"将是这款新软件"操纵"的主要目标。一旦软件开发成功，一名美国军人在登录网站时可同时拥有 10 个"马甲"，使其在同一地址登录时产生与美国军方毫无关联的假 IP 地址，从而可以轻易冒充来自世界各地不同身份的人，制造有利于美国的舆论。[④]

三、网络安全战略的实施为美国网络公共外交提供了技术和安全保障

随着美国政治、军事、经济、文化、生活等各个领域对网络依赖度的

---

① 东鸟，《蜂拥而至的网络"颜色革命"》，人民网，http://book.people.com.cn/GB/69399/107423/207171/13142205.html.

②《美国要搞"全民网络外交"，通过网络输送价值观》，搜狐网转载自《环球时报》，http://news.sohu.com/20090702/n264919280.shtml.

③ 季萌，《新媒体外交与美国的实践》，《公共外交季刊》，2010 年冬季号，第 45–46 页。

④ 杨子岩、段艺琳，《美国建"网络水军"混淆视听　两面派手法穿"马甲"》，新华网，http://news.xinhuanet.com/world/2011–03–30/c_121248867.htm.

加深，网络安全问题日益突出。而网络公共外交要顺利开展，一个基本前提就是要必需拥有稳定、安全、可靠的网络环境。近二十余年来，美国以网络安全为主题，出台了多项相关计划、报告和战略，逐渐形成一套日趋成熟的网络安全战略框架体系。

（一）克林顿政府时期

1998 年，克林顿颁布 63 号总统令，第一次提出"信息安全"的概念。2000 年，《信息系统保护国家计划》（NIPP1.0）出台，强调保护国家信息基础设施的意义，提出重要网络信息安全关系到国家战略安全，需将之置于优先发展的地位，要采取措施使针对美国关键信息网络的袭击的可能性降为最低。按照要求，必须定期对新建和正在运行的重要网络信息系统进行安全测试和风险评估，实行分类别管理和按等级保护制度。[①] 简而言之，克林顿政府的网络安全战略以"全面防御"为基本思路，以关键信息基础设施的安全保护为重点。

（二）小布什政府时期

2003 年 2 月的《美国网络空间安全国家战略》是在"反恐"背景下出台的，它标志着美国政府正式将网络安全提升至国家安全的战略高度。该战略对美国网络空间环境进行了分析，明确提出实施网络空间安全保护的五项发展规划：建立国家网络空间安全响应系统、降低国家网络空间安全威胁与脆弱性、提高网络安全意识、政府网络空间安全保护、国家安全与

---

① 陈宝国，《美国网络安全策略对我国的启示》，新浪网，http://tech.sina.com.cn/i/2009-08-13/14553349511.shtml.

国际网络空间安全合作。[①] 在军事领域，2005 年 3 月，五角大楼发布《国防战略报告》，网络空间首次被列为与陆、海、空、太空同等重要的第五大空间。小布什政府还非常重视美军网络战进攻能力建设，为此大力开发网络战武器，积极创建"黑客部队"并于 2007 年组建空军网络司令部。概括地讲，小布什政府的网络安全战略带有明显的"反恐"意味，在追求国内网络安全目标的同时，又明显表露出"攻防结合"的特点。

（三）奥巴马政府时期

奥巴马对网络安全问题高度关注，2009 年上任伊始，便宣布要将网络安全作为维护美国国家安全的首要任务，亲自部署有关部门对美国的网络安全状况展开为期两个月的全面评估。当年 5 月，《网络空间政策评估报告》出炉，报告指出：美国的网络安全形势日益严峻，网络安全管理部门分散在政府多个机构，不但职能交叉、条块分割、效率低下，也缺乏足够的决策权，白宫必须在网络安全工作中起到主导作用。鉴于此，奥巴马及时组建了"白宫网络安全协调办公室"来统筹、协调美国联邦政府的军事和民事部门的网络安全政策。同时大幅增加相关预算，以用于网络技术研发和人才招募工作。

2011 年 5 月出台的《网络空间国际战略》，则突出了"国际合作"这个主题，奥巴马在为战略所作的序言中写道，这不是美国第一次就互联网阐述政策，但却是美国"首次阐述它将如何与国际伙伴共同应对全方位的网络议题"。在该战略中，美国表达了主导网络安全国际合作的强烈愿望，并表示在必要时将以军事手段回应网络空间中的敌对行为。同时，美国军方也频繁动作。2010 年 5 月，美军正式启动"网络司令部"以图谋网络空

---

① 邱惠君、黄鹏，《解读美国〈网络空间安全国家战略〉》，《信息网络安全》，2005 年第 3 期，第 65 页。

间的"先发制人"；2011 年 7 月，美国国防部又发布首份《网络空间行动战略》，以加强美军及重要基础设施的网络安全保护。总体而言，奥巴马政府的网络安全战略一方面体现出冷战思维色彩，另一方面，又表达了寻求国际合作的意愿，具有遏制与接触的双重色彩。

（四）特朗普政府上台以来

特朗普政府大致延续了奥巴马政府时期的网络安全政策，同时也体现了"信息治国"的主张和"以实力谋和平"的施政理念。特朗普政府强化了政府在互联网管理方面的主导作用，将保护联邦政府网络和信息安全放在第一位。2017 年 5 月发布《增强联邦政府网络与关键基础设施网络安全总统行政令》，突出保护联邦政府网络、关键基础设施网络和国家整体网络安全三大重点，同年 12 月，特朗普政府出台任内首份《国家安全战略报告》，网络安全被视为"关系美国未来繁荣与安全"重要议题。在 2018 年 9 月发布的《国家网络战略》中，特朗普作出加强美国网络安全能力和保护美国免受网络威胁的承诺。

究其实质，美国网络安全战略的制定以国家安全为指向，以国家利益的最大化为目标诉求，其本身与网络公共外交并无直接联系，但作为国家安全战略组成部分的网络安全战略的深化和实施无疑在客观上为美国网络公共外交的开展提供了技术和安全保障。

第四章　中国政府的网络公共外交

当今世界正经历百年未有之大变局。全球经济增长动能不足，保护主义抬头，多边主义受到挑战，民粹主义、种族主义和排外思潮涌动，动荡源和风险点增多，国际秩序进入跌宕起伏的重构期。而对中国来说，正适逢进入实现"两个一百年"奋斗目标的历史交汇期，于内，经济转型阵痛凸显，国家治理体系和治理能力现代化建设有待深化；于外，美国等西方国家公开把中国当作主要竞争对手，实施全面遏制，试图在地缘上孤立、规则上钳制、高科技上封锁中国。2020年新冠肺炎疫情全球防控期间，美国一些政客和媒体更是编造各种谎言污名化中国，把美国防控不力的责任"甩锅"给中国，并借疫情攻击中国的政治制度。面对复杂的国内外环境，通过互联网讲好中国故事，传播好中国声音，争取国际舆论主动权的任务非常艰巨。

第一节　开展网络公共外交的现实需求

一、提升国家形象和软实力的需要

国家形象作为一种无形资产，是一个国家软实力的重要组成部分。在非传统安全成为国际政治重要议题的背景下，国家形象关系到民族国家在国际社会的合法性存在，同时也是执政集团能否得到国内民众认同的关键要素。美国学者雷默认为："国家形象对当代中国来说是最为根本的问题，假如把这个问题解决好了，那么许多其他困惑和难题都可以迎刃而解……国家形象在某种意义上将决定中国改革发展的前途和命运。"①

国家形象的形成往往受国内国际政治、经济、文化等多重因素的影响和制约，如国家治理能力、意识形态差异、外交政策调整、综合国力变化、国际舆论环境等。此外，一些国际事件和重大突发事件也会成为影响国家形象的重要变量。

国家形象是自塑和他塑的统一，观察一国形象的重要维度是他国公众的认知。2017 年 3 月至 6 月，中国外文局对外传播研究中心与有关机构合作开展了第 5 次中国国家形象全球调查（2016—2017）。本次调查在全球 6 大洲的 22 个国家开展，访问样本共计 11000 个。调查结果显示，中国整体形象好感度稳中有升，内政外交表现受好评，"一带一路"倡议赢得普遍点赞；中国经济的国际影响力获公认，未来发展赢得海外信心，受访者预期中国即将成为全球第一大经济体者逐年增加。具体看，年轻群体对中国持有更好的印象；中国的国际贡献得到更多认可；中国在科技、经济、文化等多个领域参与全球治理的表现得到国际社会的普遍好评；中国历史悠久、充满魅力的东方大国形象在海外受访者中的认可度很高。②

再深入分析，就会发现受访者明显分为了两个群体，呈现两个"阵营"。在对"中国对国际事务的影响力；中国在科技、经济、文化、政治、

---

① ［美］乔舒亚·库珀·雷默等著，沈晓雷等译，《中国形象：外国学者眼里的中国》，社会科学文献出版社，2008 年版，转引自《中国国家形象：问题与思考》，刘少华、唐洁琼，《湖南师范大学社会科学学报》，2010 年第 4 期，第 41 页。

② 刘彬，《海外受访者对中国未来发展充满信心》，中国社会科学网转载自《光明日报》，http://www.cssn.cn/jjx/jjx_gdxw/201801/t20180106_3806397.shtml.

安全、生态各领域参与全球治理；中国作为全球发展的贡献者；中国未来发展（中国即将成为全球第一大经济体；中国将引领新一轮全球化，为全球治理做出更多贡献；中国的社会治理和生态环境治理将有明显改善）；中国发展道路和模式（中国快速发展的主要原因、国有经济占主体、坚持中国共产党的领导、融合了中国历史文化和现实国情、对本国的发展有借鉴意义、能够解决一些国家发展中面临的共同问题）；由中国倡导的合作措施（加大与贵国经贸合作、加强与贵国科技合作、组织更多的中国—贵国文化交流活动、加强与贵国人力资源开发及教育合作、鼓励更多游客去贵国旅游、向贵国出口更多更好的中国商品、从贵国进口更多的产品到中国）；'一带一路'倡议对个人、国家、地区和全球经济、全球治理的意义；对中医药文化印象；中国科技成就认知"等评价项中，发展中国家受访者所给的分值均高于发达国家受访者。而与此相反，在"中国仍面临贫富分化、环境污染等挑战"等评价项中，发达国家的受访者所给的分值都要高于发展中国家受访者。

如何改变国际舆论的这种不平衡状态，做好国家形象战略管理，整体提升中国的国家形象？公共外交无疑是重要的可选项。多年来的实践证明，作为全球传播网络的重要一环，公共外交（包括网络公共外交）有助于向世界展示一个真实立体全面的中国，传递中国的真诚和善意，促进中华文化的传播与认同，改变国外公众对中国的认知。当前的课题是，如何进一步深化我们的公共外交理论与实践，以应对不断变化的国际舆论环境和国际形势。

二、应对意识形态安全挑战的需要

学者李慎明认为：中国有四大安全问题非常重要，经济安全、社会安全、周边安全和意识形态安全，而意识形态安全最为重要。[①]"意识形态的功能不仅仅是统治阶级的信仰和统治合法性的理论依据，更重要的是它具有维护国家政治制度的功能。所以，敌对阶级之间往往从意识形态入手来达到改变一个国家政治制度的目的。"[②]回溯历史，意识形态斗争由来已久。社会主义作为一种社会思潮，最早萌芽于 16 世纪的英国，形成较完备的理论体系是在 19 世纪上半叶。社会主义所主张的生产关系与资本主义根本对立，所以从一开始就受到资产阶级国家机器的高度关注和强力压制。进入 20 世纪，十月革命的胜利和新中国的成立改变了世界历史进程，社会主义国家成为一种现实的社会形态，资本主义国家更是为此感到不安，不但进行军事上的封锁和经济上的遏制，还通过各种公开或隐蔽手段对社会主义国家进行意识形态方面的渗透。冷战结束以后，西方一些国家并未放弃对中国实施"西化"和"分化"的图谋，不断抛出"中国崩溃论""中国威胁论""中国责任论"等论调，以误导国际社会对中国的认识。

2009 年 1 月，美国总统奥巴马在就职宣言中把"共产主义"列为美国多年的大敌，毫不隐晦地亮出其反共的态度。2018 年 10 月 4 日，美国副总统迈克·彭斯在哈得逊研究所（The Hudson Institute）就特朗普政府对中国的政策发表讲话，从"中美贸易、两岸关系、西藏问题、对外援助、中国制造 2025、企业党建、知识产权、学术研究、对外传播"等方面对中国的经济社会发展进行了全方位攻击。彭斯的讲话带有明显的冷战色彩，代表了当前特朗普政府对中国发展和中美关系的认知和判断，为美国挑起中美贸易争端提供了思想基础。2019 年 4 月底，美国国务卿蓬佩奥团队核心成员之一、国务院政策规划主任斯金纳（Kiron Skinner）在华盛顿一场安全论坛上提出，美国当前与中国的较量与冷战情况不同，是"很不同的文明

[①] 李慎明著，《全球化背景下的中国国际战略》，人民出版社，2011 年版，第 263 页。

[②] 郭明飞著，《网络发展与我国意识形态安全》，中国社会科学出版社，2009 年版，第 15–16 页。

和意识形态之间的斗争，美国没有经历过这种情况。"她认为，此前与苏联的竞争是"西方家庭的内部斗争"，苏联所信奉的马克思主义也源于西方政治理念；相比之下，与中国的竞争是"美国第一次面对非白人种族的强势竞争对手。"①这种言论歪曲历史事实，将中美博弈定性为文明冲突，有可能导致美国对华遏制升级，造成中美关系大步倒退，更为担忧的是，美国有可能通过在舆论场中主动设置"文明冲突"议题把两国冲突扩大为中西方冲突，人为恶化中国的国际环境。

面对来自美国等西方国家的意识形态挑战，我们迫切需要通过公共外交（包括网络公共外交）活动开展持续而广泛深入的对话交流，推动中外文明的交流互鉴，尽可能消弭意识形态领域的隔阂。同时，通过公共外交向国际社会生动阐释"中国梦""一带一路"等国家话语的深刻内涵，回应他国的疑问，回击他国的责难乃至挑衅，坚决捍卫中国国家核心利益，维护国家安全。

三、维护海外利益的需要

海外利益是国家利益在海外的延伸，一般包括海外经济利益，海外资源利益，海外制度利益，海外文化利益，海外安全利益。海外利益的维护既是关涉传统大国兴衰成败的关键所在，也是影响新兴大国崛起进程的战略议题。进入21世纪以来，中国海外利益在发展速度、地理分布、地位比重等方面均有显著进步，但同时也面临着不断增多的现实威胁和潜在风险。②

通过网络公共外交，有助于中国提升参与全球治理的能力，增进政治

① 《外媒：美官员兜售中美"文明冲突"论调遭批驳》，参考消息网，http://www.ckxx.net/zhongguo/p/162826.html.

② 王发龙，《试析中国海外利益维护的战略框架构建》，《国际展望》，2016年第6期，第38页。

互信，促进双边多边经贸文化交流，有效应对安全风险，创造有利国际舆论环境，构建良好的国家间关系，维护国家、法人和公民海外合法权益和利益。如在新冠肺炎疫情全球防控中，一些西方媒体接连发表反华言论，诋毁中国为疫情防控所做出的牺牲和努力，散布种族主义情绪，矮化丑化中国形象，给中国海外企业和公民的生存和安全带来隐患，这就亟需我们通过网络公共外交向国际社会讲好中国的"战疫"故事，与西方不实言论展开辩论，在对话中寻求理解、认同和支持。

第二节　中国政府开展网络公共外交的基础和条件

一、物质和技术基础

（一）内部条件：信息化建设取得显著进展

新中国成立后，在周恩来总理的领导下，中央政府制定了第一个中长期科技规划——《1956—1967 年科学技术发展远景规划》。在这个规划中，计算机、半导体、电子学和原子能、喷气技术、自动化技术一起被列为六个研究攻关的重点，从而拉开了中国应对当代信息革命挑战的序幕。半个多世纪以来，特别是党的十八大以来，中国的信息基础设施建设步伐明显加快，信息化发展成绩显著。据《中国互联网发展报告2018》，进展如下。

1. 高速宽带网络加速普及

截至 2018 年 6 月，中国电信、中国移动和中国联通的固定宽带接入用户总数达到 3.78 亿户，固定家庭宽带普及率达到 78.9%；光纤接入用户总数达到 3.28 亿户，占固定宽带接入用户总数的 87.5%。移动宽带用户总数达 12.6 亿户，人口普及率达到 90.4%。5G 试商用加速推进。国家互联网出入口带宽持续增长，国际传输电路初步通达全球。

2. 互联网资源位居世界前列

截至 2018 年 8 月，中国已分配 IPv4 地址约 3.4 亿块，拥有 IPv6 地址总量约 27703 块，排名均具全球第二。同期，注册域名达 4765.5 万个。

3. 网络信息技术持续深入发展

我国在非对称技术和前沿技术领域取得积极进展，人工智能技术应用不断进步，语音识别技术、视觉识别技术、自然语言处理技术、区块链技术持续创新，量子通信相关技术已经处于世界领先水平。

一方面，中国的信息化发展为政府开展网络公共外交提供了物质前提和技术准备。另一方面，网络公共外交也实际上成为中国信息化发展的战略重点之一，早在 2006 年，由中共中央办公厅、国务院办公厅印发的《2006—2020 年国家信息化发展战略》中就明确提出：加强互联网对外宣传和交流。整合互联网对外宣传资源，完善互联网对外宣传体系建设，不断提高互联网对外宣传工作整体水平，持续提升对外宣传效果，扩大中华民族优秀文化的国际影响力。

在网络公共外交的现有平台中，网站（包括移动端）是最主要的载体。组建和完善公共外交网络矩阵，可以利用规模优势和共振效应，提升公共外交的整体效能。目前，已有的政府网站集群主要包括两个。

一是驻外使领馆网站集群。从 1990 年代中期开始，中国外交部驻外使领馆开始开设网站。在此基础上，2000 年底，外交部开发了基于浏览器操作的共用信息发布平台。外交部可通过该系统向驻外使领馆网站提供在线技术支持，进行统一管理和协调，各驻外使领馆也可通过共享中央信息库和网页自动生成软件，实现对各自网站的管理和维护。① 如今，中国的 283 个驻外使领馆（包括 173 个驻外使馆，99 个驻外总领馆，11 个驻外使团、处）② 已经形成覆盖 6 大洲，200 多个国家和地区的颇具规模的网站群。这些网站向国外公众阐述中国的外交政策和工作，介绍驻外机构的对外活动，成为中国政府开展网络公共外交的重要平台。中国驻外大使馆网站，除了常规的栏目设置外，还内嵌了"看中国""中国西藏网""天山网"等板块，为国外公众了解中国国情和发展成就、中国的西藏、新疆政策等提供了网络渠道。

二是政府网站集群。中国政府网站的大规模建设始于 1999 年，截至 2018 年 6 月，全国正在运行的政府网站为 22206 家。其中，国务院部门及其内设、垂直管理机构政府网站 1839 家，省级政府门户网站 32 家，省级政府部门网站 2265 家，市级政府门户网站 518 家，市级政府部门网站 13614 家，县级政府门户网站 2754 家，县级以下政府网站 1183 家。③

政府门户网站不但对内成为各级政府联系公众、企业、社会的渠道和桥梁，也在一定程度上成为中国政府网络公共外交的重要平台。2007 年 1 月，时任中宣部部长刘云山在全国对外宣传工作会议上指出，"要充分发挥互联网传播的独特优势，各重点新闻网站和各类政府网站要着力在提高信息时效性上下工夫，从不同角度面向国际社会介绍有关情况，及时更新内容，提供最新信息，真正成为外国受众了解中国的窗口。"④2017 年 5 月，

---

① 《外交部正式推出新网站》，中国驻悉尼总领事馆官网，http://sydney.chineseconsulate.org/chn/xwdt/t41476.htm.

② 数据来源：外交部官网，https://www.fmprc.gov.cn/web/zwjg_674741/zwsg_674743/yz_674745/，统计时间为 2019 年 4 月 30 日。

③ 《2018 年第二季度全国政府网站抽查情况通报》，中国政府网，http://www.gov.cn/zhengce/content/2018-08/06/content_5312052.htm.

④ 《全国外宣工作会议》，搜狐网转载自新华网，http://news.sohu.com/20080205/n255081856.shtml.

国务院办公厅印发《政府网站发展指引》（以下简称《指引》），提出"适应互联网发展变化，推进集约共享，持续开拓创新，到 2020 年，将政府网站打造成更加全面的政务公开平台、更加权威的政策发布解读和舆论引导平台、更加及时的回应关切和便民服务平台，以中国政府网为龙头、部门和地方各级政府网站为支撑，建设整体联动、高效惠民的网上政府"，明确政府网站的功能主要包括信息发布、解读回应、互动交流和办事服务四类。《指引》虽着眼于政务建设，但对网络公共外交也具有积极的推动意义，如在突发事件和网络谣言的处置应对方面，《指引》提出：对涉及本地区、本部门的重大突发事件，在宣传部门指导下，按程序及时发布由相关回应主体提供的回应信息，公布客观事实，并根据事件发展和工作进展发布动态信息，表明政府态度。对涉及本地区、本部门的网络谣言，要及时发布相关部门辟谣信息。

（二）外部条件：互联网在全球范围内得到普及

欧洲是较早进行信息网络建设的地区，早在美国提出"信息高速公路"规划之前，德国即已提出"2000 年信息技术发展方案"，投资 210 亿马克用于微电子技术的开发；1993 年 2 月，英国电信公司宣布它将投资 100 亿英镑建设光缆网络，并通过该网络向学校、政府机构和家庭提供新闻、教育、商业、金融和娱乐方面的信息。[①]在美国提出"信息高速公路"计划后，世界上许多国家更是纷纷响应，如日本提出以亚洲地区为骨干的信息高速公路设想，并于 1994 年专门成立了由首相亲自负责的"高度信息通信社会推进本部"，以集中力量加强对信息高速公路建设的领导和协调。

综合来看，经过多年发展，互联网已在全球范围内得到了普及和应用。

---

① 鲁平，《全球"信息高速公路"热潮扫描》，《社会》，1994 年第 12 期，第 37 页。

国际电信联盟（ITU）的统计数据显示，截至 2019 年 3 月，全球网民数量达 43.5 亿。由下表可以看出，世界不同地区的信息化水平存在一定差异，北美洲、欧洲、大洋洲的网络普及率较高，拉丁美洲、亚洲居中，非洲最低；但另一方面，在 2000—2019 年间，非洲的网民增长率却是最高的，达 10402%。全球不断增长的网民为中国政府开展网络公共外交提供了潜在的受众。

表 2　世界互联网使用人口分布及增长比例[②]

地区	人口数量	2019 年 3 月 25 日网民数量	网民在地区人口中的比例	2000—2019 年间网民的增长率	在全球网民中的比例
非洲	13.2	4.7	35.9 %	10，402 %	10.9 %
亚洲	42.4	22	51.7 %	1，817 %	50.4 %
欧洲	8.2	7.2	86.6 %	583 %	16.5 %
中东	2.6	1.7	65.8 %	5，076 %	3.9 %
北美洲	3.7	3.3	89.1 %	202 %	7.5 %
拉丁美洲	6.6	4.4	66.6 %	2，325 %	10.1 %
大洋洲	0.4	0.28	68.0 %	273 %	0.7 %
总计	77	43.5	56.3 %	1，104 %	100.0 %

二、政策和法律基础

（一）政策基础

中国政府在战略层面对公共外交给予大力支持，不断提升公共外交在国家整体外交中的地位，努力促进公共外交作用的发挥。

---

① 数据来源：国际电信联盟官网，http://www.internetworldstats.com/stats.htm.

2009 年 7 月，胡锦涛在第十一次驻外使节会议上指出，"要加强公共外交和人文外交，开展各种形式的对外文化交流活动，扎实传播中华优秀文化。"[①] 这是中国政府第一次在正式场合公开提及公共外交，"公共外交"由此成为官方话语。

2012 年，党的十八大报告提出，"扎实推进公共外交和人文交流，维护我国海外合法利益。"这标志着公共外交正式成为国家战略，对中国公共外交的开展具有里程碑式意义。

2017 年，党的十九大报告提出："全面推进中国特色大国外交，形成全方位、多层次、一体化的外交布局"，"推进国际传播能力建设，讲好中国故事，展现真实、立体、全面的中国，提高国家文化软实力"，"加强同各国政党组织的交流合作，推进人大、政协、军队、地方、人民团体等对外交往"，"积极促进'一带一路'国际合作，努力实现政策沟通、设施联通、贸易畅通、资金融通、民心相通，打造国际合作新平台，增添共同发展新动力"，这些表述丰富了公共外交的内涵，对公共外交的路径和具体措施做出了明确的要求，其中国际传播能力建设对网络公共外交更具有直接的推动意义。

（二）法律基础

到目前，中国还没有公共外交的法律。在网络公共外交方面，20 多年来，中国出台了相关法律和一系列行政法规和部门规章，本书第八章将对此作详细阐述。

---

① 钱彤，《第十一次驻外使节会议召开　胡锦涛、温家宝讲话》，中国台湾网，http://www.taiwan.cn/xwzx/jrbd/200907/t20090721_955693.htm.

三、理论和人才基础

在公共外交活动风生水起渐入佳境的时候，北京外国语大学公共外交研究中心、上海大学上海合作组织公共外交研究院、清华大学中国战略与公共外交中心、吉林大学公共外交学院、上海政法学院公共外交研究中心、中国人民大学公共外交研究院、海南大学海南公共外交研究中心、九江学院公共外交研究中心、华侨大学侨务公共外交研究所、三亚公共外交研究院、外交学院公共外交研究中心、中国传媒大学媒介与公共事务研究院公共外交研究所等研究和教学机构先后成立。这些机构汇聚了一批优秀的公共外交学者，整合了业界、学界资源优势，组织召开学术会议，积极开展对外交流，在公共外交理论研究和人才培养方面做出了自己的贡献。

研究成果方面，近10来年，国内有《公共外交与跨文化交流》（赵启正著）、《公共外交概论》（韩方明著）、《微博外交理念及实践策略》（钟新等著）、《吴建民谈公共外交》（吴建民著）、《公共外交：多元理论与舆论战略研究》（王莉丽著）、《新时代中国公共外交与民间外交：理论与实践》（姚遥著）、《国之交如何民相亲》（王义桅著）等一批专著公开出版。这些研究成果各有侧重，着眼现实，从理论和学术层面为包括网络公共外交在内的中国公共外交工作提出了智力支持。

第三节　中国政府公共外交主要架构

当前，中国政府层面的公共外交主要由外事部门承担。除了设有专门机构明确公共外交职责的中共中央对外联络部和外交部外，人民政协和教育主管部门也是参与和推进公共外交的重要部门。

一、中央中央对外联络部

2015 年初，中共中央对外联络部成立信息传播局，加大中国共产党的外宣工作力度，通过讲好"中国故事"，让世界更加了解中国和中国共产党。信息传播局的主要职责是：负责研究中国共产党对外信息传播理论与实践，承担党的对外工作新闻宣传的整体规划与统筹协调以及对外新闻发布工作，负责中央交办的有关公共外交和对外传播项目的协调工作。

2017 年 10 月 21 日，中共中央对外联络部副部长郭业洲在新闻发布会上，介绍过去五年里党的对外交往情况时明确表示，"密切联系群众是我们党的优良传统，这一优良传统要求我们在开展与外国政党交流的时候，不仅要和政党、政要以及政党领导人打交道、交朋友，同时还要重视开展公共外交，重视支持开展民间外交。"

二、外交部

多年来，外交部不断加大对公共外交投入，加强公共外交体制机制建设。1999 年 6 月，外交部新闻司设立因特网主页管理处，负责外交部和驻外使领馆网站工作。2004 年，成立公众外交处，负责网站工作、公众外交协调。2008 年，更名为公共外交处。2009 年 10 月，成立新闻司公共外交办公室，主要责任是：举办外交部公众开放日等大型公共外交活动；向国内媒体介绍中国外交政策和对国际热点问题的主张；协调外交部部内部属单位及外交部与其他部委间的公共外交工作；负责外交部公众信息网及子网站建设，管理外交论坛；协调指导各驻外使领馆公共外交工作；进行公共外交调研等。2010 年 8 月，成立由资深外交官和专家学者组成的公共外交咨询委员会，向国内外公众介绍、解读中国外交政策和发展理念。2012 年 8 月，新闻司公共外交办公室升格为外交部公共外交办公室。

2010年3月"两会"期间，时任外交部部长杨洁篪在回答记者提问时指出，"公共外交是中国外交重要的开拓方向，我们认为公共外交现在是应运而生、正逢其时、大有可为。我个人认为，公共外交的重要内容之一就是通过传播、交流等手段，向本国的公众，向外国公众介绍本国的内外政策，以便增进了解，减少误解……我特别要提一下，中国领导人在对外活动方面很重视公共外交，深入、广泛地接触各界，取得了良好效果。外交官也进行了丰富多彩的公共外交活动。"

2020年1月，国务委员兼外交部部长王毅在与中国公共外交协会座谈时表示，公共外交是大国外交的重要组成部分，进一步做好和加强公共外交是推进中国特色大国外交的必然要求，是推进我国软实力建设的应有之义，是提升我国国际话语权的迫切需要。中国特色社会主义已进入新时代，中国特色大国外交正开启新局面，中国特色大国公共外交面临新的发展机遇。

三、人民政协

国务院新闻办公室原主任、十一届全国政协外事委员会主任赵启正先生认为：政协显然是开展公共外交的特别合适的机构之一。政协参加单位广泛，来自社会各界的政协委员可以从容地面对外国各领域的机构和精英人士，较深入地交流双方的见解。同时，政协对外交往融官方外交与民间外交于一体，形式灵活多样；因交往的对象和范围一般侧重于高层及有代表性、有影响力的组织和人士，做好他们的工作，往往会起到事半功倍的效果。通过公共外交的实践，我们不但能积极地引导国内外舆论配合国家总体外交，还可以在促进对方正确理解我国国情、政策的同时，能够较直接地获取对方的信息，这为我们参政议政提供了可供参考的资源。①

全国政协常委会每年都要在"两会"上作工作报告，政协工作报告可以作为我们了解政协公共外交的窗口。

——2010年报告：在工作回顾部分指出，"召开全国各省区市政协外事工作座谈会，重点研讨我国的公共外交与国际影响力，并就上海世博会的公共外交进行专题调研，取得重要成果。"

——2011年报告：在工作回顾部分指出，"利用上海世博会成功举办的重大契机，积极推进人民政协公共外交的理论研究和实践。创办《公共外交季刊》，开展公共外交联合调研，召开全国各省区市政协外事工作交流会，举办公共外交专题报告，邀请瑞士联邦议会瑞中小组世博访华团访问西藏，在外事出访和来访活动中就涉藏等涉及我国核心利益问题加强与外国各界人士的交流对话，促进世界认识真实的中国，进一步增进了解、消除误解、澄清曲解。"

——2012年报告：在工作回顾时指出，"深化公共外交实践和理论研究。举办'公共外交与跨文化交流'等系列座谈会，推动地方成立公共外交协会。全国政协代表团正式访问联合国并作大会发言。在外事出访和来访活动中重点加强对外国高层人士、外国主流媒体和社会各界人士的工作，介绍中国共产党领导的多党合作和政治协商制度，阐述我国对内坚持走科学发展道路、对外坚持走和平发展道路的理念，展示中国合作、开放、民主、进步的国际形象，进一步扩大了国际社会对华友好的民意基础和社会基础。"

——2013年报告：回顾过去五年政协工作部分指出，"把推动公共外交作为人民政协对外交往重要开拓方向，在互访中开展高层对话、在举办

---

① 赵启正，《政协是开展公共外交的特别合适的机构》，《政协天地》，2009年第10期，第47页。

或出席国际会议中深入交流，通过北京奥运会、上海世博会等平台以及公共外交国际论坛等渠道，深化同外国相关组织、重要智库、主流媒体、知名人士和普通民众的友好往来。创办《公共外交季刊》，支持地方政协成立公共外交协会，深化人民政协公共外交理论研究、实践创新和宣传普及。"在今后五年工作建议部分提出，"按照国家外交工作总体部署，进一步开辟对外交往渠道、拓展对外交往领域、完善对外交往机制，积极营造有利于我国发展的良好外部环境。开展高层互访，加强与相关国家机构、有关国际组织的多双边交流。丰富人民政协公共外交实践，加大对外国议会、媒体、智库和公众工作力度。继续发挥包括"21世纪论坛"在内的重要平台作用，支持中国经济社会理事会和中国宗教界和平委员会在对外交往中发挥积极作用。"

……

2019 年报告：在 2019 年主要任务部分提到，"积极开展高层互访，创新公共外交、人文交流机制。发挥政协专委会、中国经济社会理事会、中国宗教界和平委员会优势作用，举办第 17 次中欧圆桌会议、'一带一路'国际合作专题研讨会、不同宗教文化和平对话国际研讨会等活动，加强沟通合作，凝聚各方共识。组织委员对深化'一带一路'创新合作、引进海外人才需要重视的问题等开展调研。对外讲好中国故事，维护国家主权、安全和发展利益，推动构建人类命运共同体。"

四、教育主管部门

2015 年，时任教育部副部长郝平在《人民日报》撰文《中美新型大国关系的铺路石》，指出"建立中美人文交流高层磋商机制是新时期中国高度重视文化软实力建设与人文交流的必然要求。党的十八大报告首次将公共外交和人文交流提升到战略高度，从而使公共外交与人文交流成为新时期中国外交总体布局的重要组成部分。建立中美人文交流高层磋商机制，以及中俄、中欧、中英等人文交流高层磋商机制，正是顺应中国内政外交新变化，主动进取、积极作为的结果，既润物细无声地提升中国文化的国际影响力和国家文化软实力，又在此过程中以人文交流的独特魅力丰富、完善国与国交往的方式，服务于中国整体外交。"

2017 年，教育部在《十二届全国人大五次会议第 5521 号建议的答复》中提出：大力支持在外留学人员参与人文交流和公共外交活动，发挥好留学人员"民间大使"的特殊作用；鼓励和支持留学人员团体开展多样性活动，充分发挥好留学人员团体的联系团结作用。

2019 年，教育部在《关于政协十三届全国委员会第一次会议第 1070 号（教育类 127 号）提案答复的函》中提出：来华留学是中国改革开放事业的重要组成部分，是新时期公共外交和人文交流的重要内容。十八大以来，来华留学坚持"扩大规模，优化结构，规范管理，保证质量"方针，规模逐步扩大，结构不断优化，质量持续提升，服务管理进一步完善，为促进中外人文交流和民心相通作出了积极贡献。

事实上，公共外交的参与和推动部门并不止上述这些。在实践中，国务院新闻办公室、商务部、文化和旅游部、科技部等部门都在积极推动中国公共外交不断前行。从更广泛的意义上讲，只要与国外政府和公众开展对外交往和人文交流的部门，都可以成为中国政府开展公共外交的主体。

具体到网络公共外交，政府的所有部门都可以通过互联网平台开展公共外交，或者组织相关活动。如：2002 年 10 月，中美两国教育部部长分别代表两国政府在华盛顿签署"中华人民共和国教育部和美利坚合众国教育部开展网络语言教学合作项目谅解备忘录"，启动"中美网络语言教学项目"（ELLS）的合作。该项目通过中美双方专家的协作，开发出将英语和汉语作为第二语言的以动画为主的网上教学课件"乘风"（CHENGO），面向 12 至 18 岁的中国和美国中学生进行教学。2010 年 5 月，该项目在中国甘肃完成了实验任务。

第四节　网络公共外交的内核——和主义

在纷繁多样的日常叙事的表层下，如果有一个既具普世意义能够让倾听者接受又可以统摄整个对外话语的价值"内核"，无疑会为网络公共外交提供合法性阐释和道德感召力。换言之，中国不但需要对外传播"事实"，也要强调内在的"价值"。网络公共外交所建构的不但是一个"事实层面"的中国，同时也是一个"价值层面"的中国，二者一同构成公共外交的血肉和灵魂。

学者胡百精 10 余年前的研究成果对当前的公共外交仍有借鉴意义。在拉萨"3·14"事件中，"我方始终强调数十年来对西藏人民物质生活条件的改善，而西方国家和达赖集团更关心的是精神、信念层面的议题。这种表达错位造成的阶段性后果是，我方被认为提供了'可疑的'事实版本和证据碎片，而对方则直接抓取了人心。"[①] 同样，在北京申奥成功后的八年间，对外传播的议题结构明显"畸形"：事实议题（如场馆建设、道路交通、吉祥物开发等）在传播总量和频度上全面压倒了价值议题（如人文奥运的内涵、奥运精神的普世价值等），因而未能为北京奥运找就一个"价值层面不可颠覆的理由"。[②] 事实上，"议题"失衡不但体现在突发事件和重大活动的对外新闻传播中，也体现在网络公共外交的常态表达中，即国

---

① 胡百精，《权力话语、意义输出与国家公共关系的基本问题——从北京奥运会、拉萨"3·14"事件看中国国家公关战略的建构》，《国际新闻界》，2008 年第 5 期，第 16 页。

② 同上，第 16 页。

情和事实介绍得多，思想和观念输出得少。出现这种状况，除了意识层面的原因外，还与各方对中国公共外交价值"内核"的判定缺少共识有关。

笔者认为，可以将赵启正先生提出的"和主义"作为中国网络公共外交的价值"内核"。2015年6月，他在《公共外交季刊》发表题为《向世界传播"和主义"》①一文，分析了中国所处复杂国际舆论环境背后的原因：中国因自身体量巨大，其发展能够影响到很多国家的利益，随着中国的高速发展，越来越备受世界关注。同时，由于中国与多数国家在文化传统、社会制度、发展道路、价值理念等方面确实存在差异，导致一些国家对中国的发展走向有误解、质疑和担忧。其中最普遍也最持久的问题就是，中国向何处去？曾经有些国际论坛的主题就叫"十字路口的中国"：中国如此迅速地发展，会变成霸权国家吗？会因为自身不稳定而成为输出混乱的国家吗？会成为崩溃的国家吗？但较少问及会成为和平友好的国家吗？今天在相当一些国家中流行的"中国威胁论"正体现了他们对中国发展走向的疑问。这个疑问可能会伴随中国和平发展的全过程。其中反华势力也会以"中国威胁论"蒙骗舆论，来"威胁"和"遏制"中国。②他在文中提出，中国的"和"包含着"和平""和谐""和善""和解""和为贵""求同存异""和而不同""和也者，天下之达道也"等多种意思，是处理国家之间、个人之间、人与自然之间关系的至高的理想标准。对"和"的意义进行历史的挖掘和现实的展开，特别是与中国近现代史和改革开放的历程相结合，讲好"和"在今日中国和中国人身上的表现，从理论上阐述好中国"和"的哲学思想和现实意义，有助于回答世界对今日中国之问——中国制度的合理性？中国向何处去？考虑到西方语汇体系中也没有一个词可以完

---

① 此文英译稿2015年4月10日发表于香港中美聚焦网，同年4月13日美国赫芬顿邮报以"要了解迈向何方，请先了解中国古代'和'的含义"为题转载。

② 赵启正，《向世界传播"和主义"》，《公共外交季刊》，2015年夏季号，第1页。

全与之对应。所以，如果要把"和"字原汁原味地传播出去，最好能以其读音进入西方语言，为避免一个音节"he"在西方语言中难以流行，不妨译作"Hehism"（和主义）。①

一、"和"的思想内涵

中国传统文化中"和"的思想源远流长，意蕴丰厚。最经典的论述来自《左传·昭公二十年》，春秋齐国上大夫晏婴向齐景公阐述对"和"的理解，他说，"和如羹焉，水火醯醢盐梅，以烹鱼肉，燀之以薪，宰夫和之，齐之以味，济其不及，以泄其过"，又说，"声亦如味，一气、二体、三类、四物、五声、六律、七音、八风、九歌，以相成也；清浊、小大、短长、疾徐、哀乐、刚柔、迟速、高下、出入、周疏，以相济也。"晏婴以制羹和声乐为例，揭示了"和"的本质属性——各种不同乃至对立的要素通过相互调节达到平衡和谐。

在传统道法儒等哲学流派的视野里，"和"的思想涉及人与自然关系、人与人关系、民族关系多个层面，可以视为一种生发于中国本土又具有全球意义的世界观和方法论。

在人与自然方面，在承认天地有别的前提下，认为人是天地所生，是自然的一部分，主张天人合一、天人相应，人与天地相参、与自然和谐相处，人的行为应该与天地运行规律保持一致，反对对立和冲突。《易经》云："夫大人者，与天地合其德，与日月合其明，与四时合其序"；老子曰："人法地，地法天，天法道，道法自然"（《道德经》）；庄子曰："天地与我并生，万物与我为一"（《齐物论》）；管子曰："和乃生，不和不生"（《管子·内业》）。

① 赵启正，《向世界传播"和主义"》，《公共外交季刊》，2015 年夏季号，第 2–3 页。

在人与人方面，儒家历来注重"以和为贵"。有子曰："礼之用，和为贵，先王之道，斯为美"（《论语·学而》），孟子曰："天时不如地利，地利不如人和"（《孟子·公孙丑下》）。儒家所强调的"和"与晏婴的观点异曲同工，不求静态的绝对一致，而是在承认矛盾的前提下，寻求互补共生，实现人伦礼治的动态和谐，如孔子所言："君子和而不同，小人同而不和"（《论语·子路》）。

在民族关系、国家间关系方面，主张不同民族、不同国家和睦共处，和衷共济，维护统一，反对分裂。《尚书·尧典》云："克明俊德，以亲九族；九族既睦，平章百姓；百姓昭平，协和万邦，黎民于变时雍。"协和万邦体现的是一种和谐整体观与天下观，它不但是尧的最高政治理想，也为历代政治家和思想家所继承和弘扬，成为中华民族生生不息的精神动力和价值追求。

二、"和主义"及其传播

"和主义"是中国传统"和"思想、"和"文化在当代中国公共外交中的创新性表达和应用。笔者认为，可以从政治、经济等维度来理解"和主义"。

一是政治之"和"。在国际关系中，中国坚定不移走和平发展道路，不把自己的意志强加于人，不搞侵略扩张，不争霸、不称霸，始终作维护世界和地区和平稳定的坚定力量。20世纪50年代由中国提出的和平共处五项原则历久弥新，已成为国际关系基本准则和国际法基本原则，同时也是中国对外交往长期恪守的原则。面对全球性问题，中国始终秉持共商共建共享的全球治理观，坚定支持多边主义，积极推动构建新型国际关系，推动构建人类命运共同体。二是经济之"和"。中国实行对外开放政策，在平等、互利、诚信的基础上同世界各国开展经贸交流，推动全球经济合作模式创新。三是文明之"和"。文明多样性是人类社会的基本特征，在对外交往中，中国平等看待每一种文明，尊重文明的多样性和互补性，秉承海纳百川、有容乃大、交流互鉴的文明观，坚决反对对不同文明作高低优劣的评判。

在网络公共外交中传播"和主义"，有助于改变"事实议程"和"价值议程"失衡的局面，提升公共外交的思想深度，有针对性地回应国际社会疑虑，让其他国家更深层次了解乃至认同中国的发展理念和发展道路，为中华民族伟大复兴寻求广泛的国际舆论支持。我们传播"和主义"是光明磊落的，是本着和平、合作、开放、包容的态度开展对外交流的，与美国为输出其民主价值观念而不时干涉他国内政有着本质的区别。

第五节　建议

一、做好国家形象定位

国家形象定位涉及一个国家如何认识自己，如何看待国际舆论对自己的评价，以及对未来发展的自我规划，其本质是一个国家想给国际社会呈现怎样的形象、留下怎样的印象的问题。国家形象定位，是国家层面对"我是谁，我从哪里来，要到哪里去"这一哲学问题的深入思考和回答，兼顾历史、现实和未来的多重维度。从长期看，国家形象定位是动态变化的，需要根据国内、国际形势和自身发展情况做出调整；从中短期看，国家形象定位是相对稳定的，多变的形象定位不利于国际社会的认知。

作为网络公共外交的一项前提性、基础性工作，科学的国家形象定位对于应对复杂的国际舆论环境，确保网络公共外交的方向性和实际效果具有战略意义。

笔者认为，中国的国家形象定位必须牢牢把握社会主义初级阶段这个基本国情，立足社会主义初级阶段这个最大实际。党的十八大以来，中国取得了改革开放和社会主义现代化建设的历史性成就，但中国仍处于并将长期处于社会主义初级阶段的基本国情没有变，中国是世界最大发展中国家的国际地位没有变。基于此，结合党的十九大确立的到本世纪中叶的发展目标——把我国建成富强民主文明和谐美丽的社会主义现代化强国，参照国际社会的关切重点，笔者建议可把以下几个方面作为中国国家形象定位的关键点。

——中国是最大的发展中国家。2010 年中国 GDP 超过日本，成为全球第二大经济体，但人均 GDP 排名却相对靠后。2018 年，中国人均 GDP 为世界第 67 位，排在俄罗斯和墨西哥之后，土耳其和保加利亚之前。[①]

——中国是一个民主的国家。中国实行人民代表大会制度、中国共产党领导的多党合作和政治协商制度、民族区域自治制度、基层群众自治制度，能够真实、广泛、持久代表和实现最广大人民根本利益，实现国内各民族平等发展。未来，中国特色社会主义制度将会更趋完善。

——中国是一个文明的国家。中国历史悠久，曾创造出辉煌绚烂的文明。当代中国，教育、科技、文化事业成就显著，社会文明程度大大提高。但同时，中国的科技实力与西方发达国家仍存在一定差距。

——中国是一个负责任的大国。中国积极参与全球治理，与世界各国一起，共同应对气候变暖、疾病防治、数字鸿沟等诸多全球性问题，携手构建人类命运共同体。

——中国走的是和平复兴之路。中国的发展是合作、和平、和谐的发

---

① 《中国人均 GDP 过万美元，世界这样解读》，中国经济网百度百家号，https://baijiahao.baidu.com/s?id=1656293180246566898&wfr=spider&for=pc.

展，是求同存异、相互尊重、互惠互利的发展。中国的复兴是和平的复兴，不管中国的综合实力将来达到怎样的高度，中国都不争霸，不称霸，坚定不移维护世界和平。

二、完善新闻发布工作

"政府和机构的新闻发布会是引导和影响境内外主流媒体报道的成本最低和最有效的方式"[①]，"是中国政府向世界最快捷、最有效地表述立场的最好的方式"[②]。多年来，中国政府的新闻发布建设日渐完善，对内，它成为国家治理体系中的重要一环，对外，则承担着向国际社会讲好中国故事的重要角色。

在网络公共外交中，政府新闻发布是最权威的信源，对引导舆论具有关键作用。除了做好常规新闻发布，还需重点完善重大突发事件的新闻发布工作，包括事前的传播预案准备、事中的信息发布、事后的舆情跟踪分析。坚持"第一时间原则"，做到及时发布、动态发布，避免出现信息真空，滋生谣言传播和次生舆情。

在特殊情况下不便召开媒体到场的发布会时，可以借助网络技术，适时召开网络新闻发布会。在2020年抗击新冠肺炎疫情期间，湖北某地的新闻发布会就采用了这种形式。网络新闻发布会只需会议主持人、发布人到场，发布现场通过网络直播，媒体记者可以视频连线提问，如此不但节省人力物力，还可以打破地域限制，让更多的媒体参与到新闻发布会当中。

---

① 赵启正，《加强培养新闻专业学生的对话能力》，人民网，http://media.people.com.cn/GB/6155162.html.

② 赵启正著，《向世界说明中国（续编）——赵启正的沟通艺术》，新世界出版社，2006年版，第42页。

三、推进网站集群建设

在驻外使领馆和政府网站集群之外，笔者建议尽快推进旅游网站集群建设。近几年，中国入境旅游人数增长缓慢，根据文化和旅游部发布的旅游市场数据，2018 年入境旅游人数为 1.4 亿人次，同比增长仅 1.2%。这背后的原因是多方面的，其中，旅游网站建设滞后所带来的影响不容忽视。笔者认为，应该由国家旅游主管部门出面，搭建一个国家级的多语种旅游资讯网站，整合全国旅游信息，传播中国旅游文化，并以此为依托，推动全国旅游景区特别是 5A 级景区的网站集群建设，为中国政府网络公共外交构建新的平台。同时，也可以考虑在国外主要旅游客源地区开设海外旅游网站。

另外，建议积极推进政府网站外文版的建设。目前，开设外文版的政府网站并不普遍。根据笔者统计，到 2019 年 4 月，31 个省级政府（不含港澳台）网站中，有近半数没有开设外文版，开设 4 种外文版的省份仅有湖南、吉林、浙江三省。开设多种外文版的地级市政府网站更是少见。由于政府网站定位于政务平台，《政府网站发展指引》对政府网站的开设、功能、安全防护等做了明确要求，对外文版设置并无规定。考虑到政府网站在国家对外传播中的积极作用，建议今后中央政府出台相关规定，推动各级政府网站外文版的建设。

四、将网络国际传播纳入公共外交框架

长期以来，中国通过新华社、中国新闻社、中国国际广播电台、国家外文局下属报刊和出版社等媒体机构开展对外传播工作。自 20 世纪 90 年代后期开始，互联网日益成为国家对外宣传和国际传播的重要渠道，人民网、新华网、中国日报网等中央重点新闻网站成为对外宣传主阵地，肩负

着"讲好中国故事、传播好中国声音，向世界展现真实、立体、全面的中国，提高国家文化软实力和中华文化影响力"的重任。

从出发点看，通过新闻网站所开展的国际传播与网络公共外交的主旨是一致的，都是通过互联网来向世界说明中国，提升国家话语权和文化软实力。赵启正先生认为，"媒体是公共外交中最重要的角色"。[①] 新华社原副社长马胜荣认为，"作为信息传播的主要载体，新闻报道必然是以信息和语言为主导的公共外交活动的一个重要手段。新闻报道在很大程度上影响着国际舆论的动态和趋势，进而在相当的层面上影响了公共外交实施的政治生态。"[②] 南方报业传媒集团总编辑、南方日报社社长张东明认为，"新闻媒体是开展公共外交的重要力量，在沟通信息、促进交流、增进了解、消除偏见等方面肩负着重大责任。"[③] 有学者建议："网络媒体的对外传播可以纳入网络公共外交视野下来考量"[④]。在国外也有人持类似的观点，韩国外交部公共外交大使马宁三认为，"最近几年，全球性媒体在公共外交中的作用已日益得到证实。许多国家的政府已经积极参与进公共外交这场竞争赛中，竞相利用媒体使它们的国家在外国人的眼中更具吸引力和友好，并借媒体建立起供其他人理解它们国家在国际舞台上立场的平台。"[⑤]

综上并参考美国等国的公共外交实践，笔者建议尝试将网络国际传播

---

① 陈芳，《独家对话赵启正：媒体是公共外交中最重要的角色》，凤凰网，http://news.ifeng.com/mainland/special/chahaerwaijiao/content-2/detail_2010_10/10/2736818_0.shtml.

② 马胜荣、刘雁翎，《新闻报道在公共外交中的作用》，《公共外交季刊》，2010 年秋季号，第 49 页。

③ 杨公振，《南方日报社社长张东明：发挥媒体优势助力公共外交》，中国网，http://www.china.com.cn/opinion/think/2014-12/04/content_34229192.htm.

④ 肖珺著，《新媒体跨文化传播的中国实践研究》，中国社会科学出版社，2018年6月版，第291页。

⑤ 马宁三，《全球性媒体如何在推动公共外交中发挥更大作用》，《公共外交季刊》，2014年春季号，第114页。

纳入中国网络公共外交的框架，赋予新闻网站公共外交的职责，以公共外交的理念开展对外新闻报道。

五、充分借力社交平台

一是"借船出海"。我们要优化政府海外社交平台上的传播力量布局，既开设有综合门户账号，也有聚焦某类话题的专题性账号，彼此呼应，相互配合，各有侧重，形成传播矩阵。除了自己发声外，我们也可以多尝试与民间力量的合作，借助网红和网络大 V 的粉丝影响力，实现最大范围的用户覆盖率和信息到达率。

二是"造船出海"，我们要建设自己的全球性社交平台。借用他国的社交平台是条捷径，但因平台不在自己手中，不但没有主动权，有时还会受人掣肘。如在 2019 年 8 月，为配合美国政府对香港局势施加影响，Twitter 和 Facebook 以"假新闻"为由，关闭或封锁数十万反对香港暴力冲击的账户。[1]Twitter 还宣布，将不再允许财务和内容受政府控制的广播公司投放广告。随后，谷歌公司也关闭了旗下视频分享网站 YouTube 上的 210 个频道，声称这些频道上传的视频对香港"示威者"不利、会影响到他们示威"合法性"。[2] 当前，中国的微信、QQ、快手等平台尽管在世界上具有了一定的影响力，但在用户规模和全球分布上看，与 Twitter、Facebook、YouTube 相比还是存在很大差距。从长远考虑，为摆脱受制于人的局面，中国有必要通过政策引导、产业扶持等措施，推动中国本土社交平台走向世界，建立可管可控的全球性网络社交媒体主阵地。

---

[1] 陈川，《推特"灭声"阻反暴 高层合照露了馅》，文汇网，http://paper.wenweipo.com/2019/09/25/HS1909250031.html.

[2] 《YouTube 也下手了》，环球时报微信公众号，2019 年 8 月 23 日。

六、利用大数据开展相关研究

当前，数据已成为国家基础性战略资源，大数据正日益对全球生产、流通、分配、消费活动以及经济运行机制、社会生活方式和国家治理能力产生重要影响。具体到信息传播领域，大数据也为我们做好网络公共外交提供了机遇。

（一）用户和社交网络的研究

在互联网环境下，用户在网络上的行为会以数据的方式留痕，在保障用户合法权益特别是知情权和隐私权的前提下，通过对大数据的深度分析，可以较全面地了解用户的网络使用习惯，观察不同国家和文化背景下用户认知结构的差异，从而提升对外传播的针对性。同时，借助大数据，我们可以深化对社交网络的研究，寻找网络社区中的意见领袖，精确把握信息传播路径和关键节点，增强我们讲故事的有效性。

（二）舆情研究

通过专业软件和数据挖掘技术，对用户在社交网络和新闻网站上留下的文本进行语义和情感分析，可以较为准确地把握国外公众的关注热点和态度倾向，为我们把握舆情演变规律，研判舆情走向，进行议程设置提供参考。

具体来说，我们可以重点把握以下三个方面。

其一，国外公众的日常涉华议题框架。议题是更多关注中国历史，还是当代社会发展？有关政治制度、宗教政策、经济发展、环境保护等方面的议题各自大概能占多大的比重？

其二，国外公众对中国重大政策和决策的反应。如："一带一路"倡议提出后，周边国家及利益相关国持何种态度；《中国制造 2025》《国家十三五规划纲要》发布后，国外公众怎么解读；"网络强国"战略提出后，美国等国家作何反应。

其三，国外公众对重大突发性事件和涉华问题的舆论情态。如 2015 年 "8·12" 天津滨海新区爆炸事故后，日韩企业的反应；如 2016 年 7 月，南海非法仲裁案发生后，国际社会各方对南海问题和中国政府主张与立场的态度；如 2018 年以来国际社会对中美贸易争端的看法。

七、创新表达形式，整合线下资源

网络公共外交可以运用最新网络信息技术和流行元素来改进表达形式，提升传播效果。如利用无人机和虚拟现实技术增强新闻报道的可视性，利用人工智能技术进行 "AI 合成主播" 播报。又如表情包的运用。表情包的风行是世界范围内的网络文化现象，精心设计的表情包可以作为传递国家形象的微载体。2015 年，芬兰外交部曾主持设计了包含 30 多个表情的一组 "表情包" 供人们下载，我们也可以尝试设计国家表情包用于智能手机端的传播。

网络公共外交除了输出信息外，还可以挖掘线下资源，针对不同目标人群，营建社会关系网络。如为实现对来华留学生资源的深度开发和利用，我们可以组建全国性的网上留学生校友会。只要参加过由中国政府有关部门主办的任何一项交流项目，都有资格注册成为校友会的成员，并通过网上校友会与来自世界不同国家和地区、来自不同交流项目的校友建立联系。作为组织方，我们则可以在这个虚拟的平台上进行话题设置和舆论塑造。

八、争取在效果评估方面取得突破

效果问题是传播学研究的一个重要领域。目前，如何对公共外交的效果进行科学评估仍是个世界性难题，路易斯·温特（Louise Vinter）在《测量公共外交的效果，是否可能？》一文中表达了他的疑问：公共外交涉及不同国家和民族间的关系建构和文化交流，在这个过程中，无形的观念是否可以量化？如果说一个人态度和行为变化是因变量，那如何判断引起这个变化的自变量是仅仅来自公共外交而不是其他，如政府外交？事实也证明，传统的经验性研究本身存在缺陷——社会现象和人的行为无限复杂，而可观察、可测定、可量化的经验材料是有限的，尤其是作为社会实践主体的人的理性和精神活动，在许多情况下并不能单纯地用经验材料就能够加以说明……在有限的实验条件下得出的结论往往说明不了丰富多彩和复杂的社会现实。[1] 但对效果缺乏科学、有说服力的评估手段，又使得公共外交决策层和实践主体处于一种"跟着感觉走"的境地，制约了网络公共外交的进一步发展。建议有关部门组织新闻学、传播学、统计学、心理学、计算机科学等领域的专家，协同开展相关研究，争取在网络公共外交的效果评估方面取得突破。

九、做好网络信息安全保障

黑客利用网络病毒所进行的攻击，尤其是跨境攻击，会威胁到网络的安全运行，干扰网络公共外交的正常开展。中国目前已经成为世界上黑客攻击的主要受害国之一。国家计算机网络应急技术处理协调中心发布的《2018 年我国互联网网络安全态势综述》显示：近年来，有攻击团伙长期以我国政府部门、事业单位、科研院所的网站为主要目标实施网页篡改。2018 年，监测发现我国境内遭篡改的网站有 7049 个，其中被篡改的政府网站有 216 个。从境内被篡改网页的顶级域名分布来看，".com"".net"和

---

[1] 郭庆光，《传播学教程》，中国人民大学出版社，1999 年版，第 267 页。

".gov.cn"占比分列前三位，分别占总数的66.3%、7.7%和3.1%。监测发现，2018年约有5.3万个针对我国境内网站的仿冒页面，页面数量较2017年增长了7.2%。其中，仿冒政务类网站数量明显上升，占比高达25.2%。2018年，重要行业关键信息基础设施逐渐成为勒索软件的重点攻击目标，政府、医疗、教育、研究机构、制造业等是受到勒索软件攻击较严重行业。[①]

为保障网络公共外交的顺利开展，国家需要统筹协调各方力量，在科研、人才培养等方面加大投入，开展技术攻关，全面提升网络安全感知能力、防御能力和威慑能力。

---

① 《2018年我国互联网网络安全态势综述》，国家计算机网络应急技术处理协调中心官网，http://www.cert.org.cn/publish/main/upload/File/2018situation.pdf.

第五章　企业网络公共外交

随着全球范围内资本、人才、科技、信息的加速流动和优化配置以及生产、服务的日益跨国化，原本以国内市场为主要目标对象的企业，开始走出国门参与国际分工和国际竞争，成为"连接不同地域、不同国别、不同文化、不同种族和不同语言而比政府更加具有'文化敏感性'的'文化万国宫'"[①]。特别是大型跨国企业作为一种新型非国家行为体，借助其在生产和服务领域的结构性权力，在经济全球化的进程中扮演着愈来愈重要的角色，从而也为公共外交全球网络的构建作出了独特的贡献。另外，近些年异军突起的互联网企业因其业务大多与网络传播特性相关，本身就具有跨国企业的特征，其中更有一些凭借技术优势、创新优势、资本优势，成为影响力巨大的跨国公司并在网络公共外交中发挥着重要作用。

第一节　企业开展公共外交的动机和意义

跨国企业开展公共外交的动机是多方面的，既有追求企业自身利益的本能需求，也有为国家利益服务的现实需要，二者的结合和平衡构成跨国

[①]　李华，《世界新公共外交：模式与趋势》，时事出版社，2017年版，第112页。

企业公共外交的动力机制。全国政协外事委员会 2012 年的一项专题调研显示：企业公共外交开展得越好，其"走出去"的顺利程度和成功几率就越大；公共外交做得不好或者做得不够，其在"走出去"中遭遇挫折或失败的可能性也就越大。[①]放眼全球，这个结论具有普遍意义。

一、规避风险

对于跨国企业来说，生存是第一位的，离开母国身处异国他乡的陌生环境，不但可能面临东道国经济波动、利率汇率变化、财政金融政策调整、市场竞争环境恶化等商业风险，也有可能遭遇政治风险和文化冲突。

从已经"走出去"的中国跨国企业的经历和教训来看，中国跨国企业在世界各地遭遇了形形色色的政治风险，主要包括：战乱风险，恐怖袭击风险，骚乱行为风险，没收、征用和国有化风险，政府违约风险，当地政府的腐败或管理能力低下导致的经营风险，歧视性干预风险，社会团体压力风险。[②]

2011 年，利比亚发生战乱，基础设施遭到严重损毁，社会动荡不安，对中国在利从事承包工程的企业造成很大影响，很多合同搁浅、项目停止。而战前包括 13 家央企在内的 75 家中国企业在利比亚承建了 50 个工程承包项目，涉及金额 188 亿美元。[③]

2005 年 6 月 22 日，中海油宣布 185 亿美元全现金的收购要约，计划对美国第九大石油公司优尼科进行收购。6 月 30 日，美国众议院以 333 票对 92 票的表决结果反对美国财政部运用其资金来"建议批准"中海油的竞

---

① 《报告：大力加强企业公共外交，更好地推进"走出去"战略》，中国网，http://www.china.com.cn/international/txt/2012-09/10/content_26482024.htm。

② 陈炜，《中国跨国公司公共外交》，广州出版社，2017 年版，第 83-84 页。

③ 王金岩，《中国在利比亚有多少投资》，凤凰网，http://finance.ifeng.com/news/hqcj/20110509/4440173.shtml。

标。同日，众议院还以 398 票对 15 票通过一项不具约束力的法案，以威胁损害美国国家安全为由，敦促布什政府对中海油竞标进行严审。8 月 2 日，中海油宣布退出收购优尼科的竞争。一年后，中海油董事长傅成玉在接受《华尔街日报》采访时对并购案失败作了反思：如果此类事情再度发生，重点就不是这一交易本身了，首先需要做的是公共关系和政治游说工作，在这些方面的问题解决了以后，再来谈交易本身。① 美国参议院的一篇报告也指出，中海油失败的原因之一是没有进行有效的公共外交去消除政府和民间的反对声音。②

文化风险则是更深层次的风险，主要包括母国和东道国之间存在的语言、宗教信仰、思维方式、生活习惯等方面的差异。对跨国企业来说，这些差异是难免的，需要"入乡随俗"及时化解克服，否则开展本土化生产经营和管理就会遭遇瓶颈。如海尔美国公司的经验之谈，"中国员工欣然接受的自我检讨惯例，到了美国却遇到了强大的阻力。在美国文化中，这不仅与激励无关，甚至还让当事人感受到侮辱，一时间让劳资双方关系陷入紧张，而当管理者顺应美国文化的特点，将自我检讨变成对自己成功经验的分享，由'负激励'变成'正激励'时，受到了美国员工意想不到的欢迎。"③

在跨国生产经营活动中，商业风险、政治风险和文化风险往往交织叠加，"剪不断理还乱"，给企业国际化生存和可持续发展造成很大的困难。这就需要跨国企业与东道国当地的政府、企业、非政府组织、媒体和公众展开多维度的跨文化沟通和交流，增强风险感知和预判能力，缩小差异，

① 李红岩，《竞购优尼科：中海油如何先输一招》，人民网，http://mnc.people.com.cn/GB/70703/4898317.html.

② 张艳玲，《中国企业"走出去"处于初级阶段　企业不善公共外交》，中国网，http://www.china.com.cn/policy/txt/2012−03/02/content_24785309.htm。

③ 赵启正主编，《跨国经营公共外交十讲》，新世界出版社，2014 年版，第 89 页。

增进共识，通过公共外交活动为企业的发展创造良好的营商环境。

二、建构品牌形象

品牌是无形资产。品牌知晓度、美誉度是企业生存发展、扩大市场规模、增进客户粘性的重要因素。近些年，在"中国制造"转向"中国创造"的过程中，一批批中国企业"出海远航"，以一流管理和优质的产品、服务，积极参与东道国基础设施建设和经济发展，投身社会慈善和公益，参与当地社区活动，塑造了良好的品牌形象。

但整体上看，中国企业开展业务时"硬投资"与品牌"软投入"不对称，存在着重经营轻品牌、重投资轻声誉、品牌声誉管理意识较弱等问题，给业务所在国的民众的感觉是"富而不善""大而不优"。[①] 这些问题在一定程度上导致海外消费者对中国品牌产生负面认知。蓝色光标发布的《2018 中国品牌海外传播报告》针对不同国家消费者对中国品牌的认知进行横向比较，同时将本年度数据与往年数据进行纵向比较，直观呈现了海外消费者认知的变化趋势。报告显示：根据近三年报告数据，海外消费者对中国品牌的信任度在逐年提升，2018 年达到 54%，相比 2017 年上升了17%，而海外消费者对美、日、德等国品牌的信任度均高达近 80%，差距明显。[②]

破解信任壁垒难题为中国企业开展公共外交提供了现实需求。深入研究东道国的社会环境，结合自身业务特点，因地制宜、有的放矢地制定精准传播策略，通过媒体传播、履行社会责任等方式，讲好企业品牌故事，提升品牌声誉和信任指数，是一项迫切任务。

---

① 李少婷等，《中国石化新闻发言人吕大鹏：中企出海品牌先行事半功倍 软投入需与硬投资相互匹配》，每经网，http://www.nbd.com.cn/articles/2018-05-20/1218853.html.

② 《2018 中国品牌海外传播报告》，http://www.199it.com/archives/808130.html.

三、塑造国家形象，维护国家利益

跨国企业是国际社会认识企业母国形象的"名片"和窗口。日本前首相中曾根康弘曾说过，"在国际交往中，索尼是我的左脸，松下是我的右脸。"品牌形象对国家形象的建构作用可见一斑。换言之，跨国企业品牌形象和国家形象是"捆绑"在一起的，企业形象不好，国家声誉受损；反之，国家形象则会因此加分。从这层意义上讲，开展公共外交、塑造企业品牌形象是塑造国家形象不可或缺的重要一环。

另一方面，对于跨国企业来说，自身的形象与生俱来贴着母国的身份标签，与母国有着难以割舍的血缘联系。跨国企业在成长早期离不开母国的政策扶持，发展壮大后，在海外开展业务同样也需要母国的帮助，因而它们往往出于民族主义、爱国主义的自发情感以及现实的考量，通过自己的公共外交活动，来自觉维护母国的国家利益。同时，母国良好的国家形象反过来也会为跨国企业的海外发展创造良好的舆论环境。

国际关系学者卡尔·多伊奇认为，"与各国利益直接相连的……是在国外采取散播本国意识形态的政策，以及与他们的目标相一致的文化和科学交流政策。公共外交是现代外交思想的永恒主题，而跨国公司则担负着向世界散播一国价值观和思想的重任，在实现国家利益的过程中起着不可忽视的作用。"[①]2012 年，全国政协外事委员会"中国企业'走出去'中的公共外交"专题调研的结论也说明这一点，"随着我国'走出去'战略的深入实施，特别是近年来公共外交知识和理念在国内的广泛传播，越来越多的企业已经意识到自身所承担的公共外交责任，认识到公共外交在'走出去'过程中的重要作用，因而更加自觉、主动地开展公共外交活动。一些企业包括民营企业已经把公共外交纳入其'走出去'的战略规划，并将其作为

---

① 黄河，《跨国公司的公共外交决策》，《公共外交季刊》，2011 年夏季刊，第 25 页。

在海外做大做强的必备条件。"①

跨国企业在东道国进行投资经营，参与东道国的社会发展，熟悉当地经济状况和民意，拥有一定的政治资源和人际网络，能够以灵活的身份和所在国政府高层、社会精英进行对话，对东道国外交议题和政策的制定施加影响，从而为维护母国利益创造条件。在两国关系紧张时，跨国企业还可以担当"中间人"和"调停人"的角色，非官方传递双方信息，反馈两方诉求，为两国关系走向正轨提供帮助，这不但符合跨国企业的利益，也维护了母国的国家利益。

第二节　企业开展网络公共外交的内容和渠道

传统企业开展公共外交的渠道可以分为线上与线下，不过随着互联网的普及，线上方式正变得越来越重要。调查显示，数字营销成为海外消费者了解中国品牌的主要方式，60%的海外消费者通过社交媒体了解中国产品与服务。具体而言，美国、俄罗斯的消费者主要通过在线广告的方式了解中国品牌相关信息，新兴市场国家则更多借助社交媒体。②对于互联网企业来说，则可以通过提供网络文化产品和服务等方式直接开展公共外交。

---

① 《报告：大力加强企业公共外交，更好地推进"走出去"战略》，中国网，http://www.china.com.cn/international/txt/2012–09/10/content_26482024.htm.

② 《2018 中国品牌海外传播报告：品牌出海全方位解读》，搜狐网，http://www.sohu.com/a/281188598_120055064.

一、内容方面

（一）传播企业文化和社会责任履行情况

企业文化是企业软实力的组成部分。从理论上讲，任何一家企业都可以通过网络平台进行企业文化的传播，但在实践中，势力雄厚的企业尤其是大型跨国公司在企业文化传播方面会更具有优势，因为企业文化建设不但需要先进的管理理念、制度保障以及成熟的价值体系，也需要一定的资金支持和具有创新意识的人才团队。譬如宝洁公司（P&G）作为全球最大的日用品公司之一，面向全球近 60 个国家和地区开设了分公司网站，覆盖语言 20 余种。这些网站结合在每个国家的不同业务情况和当地受众心理需求，在网页上设置宝洁产品、宝洁创新、新闻会客室、新闻与观点等栏目，宣传宝洁的企业宗旨、文化、价值观，间接为传播美国国家形象作出了贡献。

积极履行社会责任是企业发展的内在要求。发布企业社会责任报告是企业就依法经营、科技创新、股东权益、供应链管理等责任议题与政府、投资者、员工、客户、合作伙伴、社会公众等利益相关方进行沟通的方式和载体。在国内，随着企业社会责任理念的提升和对责任管理体系建设的逐步重视，越来越多的企业积极参与国际责任交流，通过发布报告等形式主动披露责任信息，海外责任影响力日益增强。

研究显示，截至 2018 年底，国内 64 家中央企业发布了《2017 年企业社会责任报告》。其中 36 家中央企业发布的报告采用中文和英文两种语言，占已发布报告中央企业数量的 56.3%，报告的国际化程度不断提高。中国移动通信集团有限公司、中国海洋石油集团有限公司、中国石油天然气集团有限公司等 32 家中央企业在社会责任报告中专门设置了"海外社会责任"专题。部分中央企业突破传统的文字形式，运用视频等多媒体形式展现其社会责任建设情况，达到良好的传播效果。[①]中国石油集团总公司的案例尤为典型。中国石油分别于 2008 年、2009 年、2012 年、2013 年、2019年通过网络等媒体渠道发布了 5 部海外重点业务合作国家 / 地区的专题报告：《中国石油（哈萨克斯坦）可持续发展报告》《中国石油在苏丹》《中国石油在印度尼西亚》《中国石油在拉美》《中国石油在伊拉克》。这些报告系统阐述了中国石油在海外的社会责任表现和可持续发展情况，展示了企业主动关注和参与全球可持续发展议题的态度和行动；特别是针对"能源转型、保障国家能源安全"等全球关注，影响国家、企业可持续发展的重大议题作出重点回应，系统阐明了企业应对气候变化的态度、原则和措施，在海外收到良好的社会反响。[②]

（二）提供网络文化产品

首先是网络新闻，既指企业在官网等网络平台上发布的动态类消息，也包括新闻媒体类网站或商业网站发布、转载的新闻报道和评论。在西方国家，新闻网站大多私有，一些传媒类企业通过提供网络新闻等文化产品来开展公共外交。如特纳早在创办 CNN 之初就曾明言要使之成为"美国的良心"，[③]意即 CNN 的新闻报道要为美国价值观和国家利益代言。在互联网兴起后，这种新闻理念也延伸并贯穿于 CNN 旗下网站的新闻传播活动中。在中国，"向世界说明中国"也成为部分商业网站的自觉行动。2008 年北

[①] 卢永春等，《央企走出去越来越亮眼》，光明网转自人民日报海外网，http://politics.gmw.cn/2019-04/16/content_32748375.htm？ s=gmwreco2.

[②]《中国石油发布 2018 年度社会责任报告》，每经网，http://www.nbd.com.cn/articles/2019-04-25/1325352.html

[③] 胡正荣、关娟娟，《世界主要媒体的国际传播战略》，中国传媒大学出版社，2011 年版，第90 页。

京奥运会期间，新浪网就曾用中文、英文、法文、德文、西班牙文和阿拉伯文等 6 种文字，24 小时向全球播报奥运会的最新信息。

比较典型的网络文化产品还包括网络游戏。《2017 年中国游戏产业报告》显示，当年中国自主研发网络游戏海外市场实际销售收入达到 82.8 亿美元，同比增长 14.5%。网络游戏企业完美世界首席执行官萧泓认为，"从商业角度看，海外收益的确是衡量游戏'走出去'的重要尺度，但扩大中国文化的传播范围也是我们的重要考量"，"中国文化中的许多元素能给海外玩家带去更美好的体验，这些能给游戏增加光彩的中国元素也是我们所寻找的"。[①]

（三）就他国外贸政策等发表声明和评论

在一国出台影响跨国企业生产发展和母国国家利益的有关政策时，企业出于维护自身利益的需要和所秉持的爱国主义立场，往往会及时通过网络就此发表评论，表明态度，向外界说明企业的应对措施，尽量消除不确定性和产业链上下游合作伙伴、消费者的不安全感。如下面两个案例。

1. 2019 年 5 月 20 日，美国国土安全部在一份报告中称，中国制造的无人机可能正在向中国制造商发送敏感飞行数据，这构成潜在风险。虽然报告没有指明具体的制造商，但根据行业分析，美国和加拿大使用的无人机近 80% 来自总部位于中国深圳的大疆创新。5 月 21 日，大疆创新在其官网及时对数据安全问题作出回应称，"DJI 大疆创新一直以来高度重视信息安全问题，我们技术的安全性已经在全球得到反复验证，其中也包括美国政府和美国领先企业的独立验证。当用户使用 DJI 大疆创新的无人机或其他技术产品时，所生产、存储和传输的数据都完全由用户掌握。此外，DJI 大疆创新还提供特殊的模式以满足不同客户的信息安全管理需要，比如断

---

① 管璇悦，《中国自主研发网络游戏海外收入大幅提升》，《人民日报》，2018 年 2 月 6 日。

开网络连接的本地数据模式、私有云部署模式等等。全球大量机构每天都在使用 DJI 大疆创新的技术，以提高生产效率，保障生产安全，甚至是拯救生命。DJI 大疆创新将持续与全球的客户及政府管理部门合作，确保我们能满足不同地区不同行业的技术规范以及信息安全需要。"[①]

2. 2019 年 10 月 8 日，美国商务部宣布将 28 家中国公司列入"实体清单"，被列入"实体清单"的企业将无法购买美国的技术和产品。消息传出，涉事的中国多家科技公司纷纷表态。其中，北京旷视科技有限公司公告称，"美国商务部在没有任何事实根据情况下将旷视列入'实体清单'，我们对这一决定表示强烈抗议。针对美国商务部的行为，旷视将在各方面采取应对预案，持续用专业、可靠的技术和产品为客户提供稳定、优质的服务。我们会与美国政府和商务部保持沟通，并实时对相关信息进行更新。"海康威视称，"公司强烈反对美国商务部把海康威视纳入'实体清单'，这个决定没有事实根据，呼吁美国政府本着公平、公正、无歧视的原则，重新进行审视，将海康威视移出'实体清单'。海康威视将采取所有合理、恰当的经济方案，以维护公司和合作伙伴的权益，同时将实施各方面的应对预案。公司有能力持续、稳定地为客户提供优质的产品和服务。"[②]

二、渠道方面

（一）企业官方网站（包括移动客户端）

企业通过自建网络平台发布信息有完全的自主权，平台风格、内容审

---

① 姚晓岚，《大疆：技术的安全性已在全球得到反复验证，将与各国政府合作》，澎湃新闻网，https://www.thepaper.cn/newsDetail_forward_3495983.

② 黑子可可，《中国8家AI企业被美国纳入实体名单　科大讯飞表示不会有重大影响》，天极网，http://mobile.yesky.com/110/2024028110.shtml.

核、发布频率、发布形式等都由企业自己来决定。另外，还可以针对不同的海外用户群体设计不同的语言版本。

（二）新闻网站（包括移动客户端）

新闻网站既包括母国的对外传播网站，也包括东道国的新闻网站和具有全球影响力的国际新闻网站。跨国企业在日常的公共外交活动中，需要与当地新闻媒体建立和保持良好的合作关系，通过后者，以本地化的叙事方式讲述企业发展故事，寻求道义支持和情感认同。同时，也要与母国对外传播媒体和国际新闻网站保持密切联系，在常态下主动输出议题，在危机管理过程中寻求帮助。

（三）社交媒体

1967 年，美国社会心理学家斯坦利·米尔格拉姆（Stanley Milgram）提出著名的"六度分割"理论："你和任何一个陌生人之间所间隔的人不会超过六个。换言之，最多只需要通过六个人，你就能够认识任何一位陌生人"。根据该理论，通过 SNS（SNS-Social Network Service）网站提供的服务平台，每个用户都可以建立自己的社交圈，不同用户的社交圈相互交织，最后演变成为一个大型社会化网络。

按照月活跃用户量统计，到 2019 年 3 月，排名世界前十的网络社交平台为：Facebook、YouTube、WhatsApp、微信、Instagram、Tumblr、QQ、QQ 空间、抖音、微博。其中，排名第一的 Facebook 月活跃用户达到 22.7 亿，而排名十名之外的 Twitter 月活跃用户仍有 3.3 亿之多。这些网络社交平台黏贴了海量的用户，拥有纵横交织的全球人际网络，成为各国企业开展网络公共外交的重要场域。

海外网数据研究中心发布的《中央企业海外形象传播研究报告

（2019）》对中央企业海外社交媒体布局和传播效果进行了统计和分析。截至 2018 年底，96 家中央企业海外社交媒体平台（Facebook、Twitter、YouTube、Instagram）的整体开通率为 47.9%，共 46 家中央企业开通 278 个账号。与 2017 年的 42 家中央企业相比，开通率增长 4.1%。其中，2018 年中央企业在 Facebook 的开通率居四大境外社交平台首位，高达 38.5%，共有 37 家中央企业开通 118 个账号。研究还发现，中央企业海外形象传播总体表现良好，中国南方航空集团有限公司、中国电信集团有限公司、中国联合网络通信集团有限公司、中国石油化工集团公司、中国中车集团有限公司位居前五位。①

第三节　对中国企业网络公共外交的建议

随着中国综合国力的增强，企业"走出去"的步伐日益加快，在公共外交工作中也积累了一定的经验，但深入考察，会发现企业公共外交还存在着布局不够合理、网络传播能力弱等短板。结合这些问题和中国企业网络公共外交的实际，提出以下建议。

一、提升民营企业在国家公共外交整体布局中的地位

国有企业特别是央企在中国的公共外交事业中承担了重要角色，外事、国资委等部门通过政策导向、资金支持、教育培训等方式，为国有企业"走出去"创造了条件。与之相比，民营企业公共外交的作用还没有得到充分重视，还缺乏国家的宏观指导和政策的有力支持。民营企业在"走出去"

---

① 郝艳等，《2018 年中央企业海外品牌形象传播报告：海外社交媒体开通率达 43.8%》，搜狐网，http://www.sohu.com/a/253823527_115376.

过程中，公共外交多针对某一具体项目或事件以公共关系的方式自发展开，缺少持久性和长远规划。建议把民营企业公共外交纳入国家公共外交整体布局，由国家外事、民政、工商联等部门携手，为民营企业参与公共外交提供支持。特别是民政部门可以引导其主管的商会协会类社会组织，通过组织教育培训等方式，提升民营企业会员单位的公共外交意识和能力，增强其参与公共外交的责任感、使命感和归属感。在此过程中，要对互联网企业予以特别关注，一是彰显中国在信息科技领域的发展成就，二是利用其提供的网络平台，扩展网络公共外交的多元渠道。

二、有侧重地利用好网络平台，丰富传播手段

一是利用好东道国网络媒体，做好"本地化"传播。对当地受众来说，通过东道国媒体发声会有一种"自己人"的共情心理，会更有信任感。跨国企业需要与当地网络媒体建立起良好的关系，完善新闻发布供给机制，在议程设置方面发挥主动性。同时，根据不同国家的实际情况，一国一策乃至一城一策，针对不同人群实现"差异化"精准传播。二是利用好社交媒体，寻求最大覆盖率，进行"全球化"传播，在国际主要社交媒体广泛开设账号，适应网络视频发展趋势，增加短视频在社交媒体的呈现比重，打造自己的网红账号。除了跨国企业，对于尚处于成长阶段的国内中小微企业来说，这同样也是一条便捷的对外传播路径。

三、创新讲故事的方式

创新传播思维，进一步做好企业社会责任发布工作，撷取企业参与东道国经济社会建设的生动案例，以讲故事的方式，有血有肉、原汁原味地把企业发展理念和社会贡献等展示出来。同时，要发挥企业家在网络公共外交中的独特优势。企业家是企业的天然代言人，企业家可以通过网络讲

述企业成长历史和经营理念，发表对热点事件的评价，拉近其与海外消费者的心理距离，赋予网络公共外交人格魅力。

四、做好舆情管理

信息全球化时代，网络舆情具有全球化和内外联动特征，企业在国内引发的舆情完全有可能影响到国外消费者对企业的认知，企业舆情管理应充分关照到国内舆论对国际舆论产生的效果，通盘考虑，整体规划。

在日常生产经营中，"走出去"的中国企业要随时关注东道国舆论，了解当地各界对企业经营的看法，及时回应社会关切。遇到在东道国发生的与企业相关的突发事件时，更要第一时间对外发布信息，避免谣言散播。

同时，企业还要关注更大范围内的国际舆论整体环境。当前，有西方媒体把"一带一路"倡议抹黑为中国版"马歇尔计划"，炒作中国企业在非洲实行"新殖民主义"、进行资源掠夺、造成非洲国家"债务陷阱"等误导舆论的话题。对于这些无端责难，中国企业要有清醒的认识，并与国内保持密切沟通，认真作好回应。

第六章　非政府 / 社会组织网络公共外交

第一节　非政府组织的发展与公共外交

作为社会组织的基本形式之一，非政府组织[①]的历史至少与近代资本主义一样悠久。[②]二战以后特别是近 40 多年来，非政府组织在全球范围快速发展。主要原因有三点。

其一，面对日益复杂和充满不确定性的经济问题和社会问题，全能政府的管理能力受到挑战，市场自发调节"失灵"，西方主要国家的政府开始调整"国家"与"社会"的关系，从制度供给层面进行创新和安排。非政府组织以"非政府"与"非营利"的双重特质，成为社会多元主义价值观、多元主义团体之间的"缓冲带"，被赋予更多参与社会治理的权利。作为非政府组织，它可以避免政府组织"官僚主义"的不良印象与权利行使"僵硬化"的一系列弊端；而作为非营利组织，它又可以避免企业组织"经济人理性"的利润偏好与利益追求最大化的不良印象。[③]

[①]　非政府组织（Non-governmental Organizations，简称NGO），在国际上有多种提法，如"非营利组织"（Non-profit Organizations）、"公民社会组织"（Civil Society Organizations）、"第三部门"（The Third Sector）、"独立部门"（Independent Organizations）等。

[②]　王名编著，《非盈利组织管理概论》，中国人民大学出版社，2002 年版，第 19 页。

[③]　刘祖云，《非政府组织：兴起背景与功能解读》，《湖南社会科学》，2008 年第 1 期，第 76 页。

其二，冷战结束后，国际政治生态由紧张趋向缓和，东西方交流日益广泛频繁，为非政府组织供了较为宽松的成长空间。

其三，经济全球化的发展带动资本和商品的流动，也产生了一系列挑战，公共事务呈现国际化趋势，诸如环境污染、食品安全、跨国犯罪、流行性传染病防治、减灾防灾、恐怖主义、数字鸿沟等全球性问题的解决既离不开各国政府的深度参与和协商共治，也为非政府组织实现自身价值提供了机遇。

非政府组织作为非国家行为体，分布广泛，身份灵活，专业性和基层沟通能力强，其所具有的民间性、自治性和非营利性特征也容易获得他国公众的信任。因此，随着非政府组织的发展，大量的公共外交任务和职能被政府委托和外包给非政府组织。像美国政府专门设立"本杰明·富兰克林奖（Benjamin Franklin Award）"以鼓励非政府组织和其他非国家行为体在塑造和改善美国国家形象方面所作的贡献；[①] 日本借助非政府组织改善国家的历史形象；加拿大借助非政府组织缓解国际舆论对其增加可猎杀的海豹配额的强烈谴责；澳大利亚以非政府组织为合作伙伴，促进与太平洋、非洲、中东、拉丁美洲和加勒比地区的友好关系。[②] 在非政府组织中，有一些专以公共外交为使命，如韩国公共外交协会、英国文化协会等。

---

① 郑华，《新公共外交内涵对中国公共外交的启示》，《世界经济与政治》，2011年第4期，第146页。

② 张丽君、［澳］马克·威廉姆斯，《非政府组织在公共外交中的身份分析》，《公共外交季刊》，2014年秋季号，第51-52页。

第二节　国外非政府组织的网络公共外交

一、网络成为非政府组织的连接平台

由于互联网的互动性和即时传播属性，网络常常被非政府组织当做组织间横向沟通和社会动员的平台。通过网络，原本关系松散的不同非政府组织之间不但能够建立联系，共享信息，还可以开展协调行动。2007 年 1 月，为了配合次年在日本北海道洞爷湖举行的八国峰会，在环境、贫困和发展、人权与和平领域开展活动的 130 个日本 NGO 发起成立 "2008 年 G8 峰会 NGO 论坛"，并建立官方网站。在该网站上，非政府组织就气候变暖、粮食安全、非洲贫困、对发展中国家提供保健医疗援助等问题提出了各自的主张和建议。

二、非政府组织的网络公共外交

许多非政府组织都充分认识到网络媒体在信息传播和公共外交方面的巨大力量和便利性，纷纷设立了本组织的网站，或利用社交媒体等平台，定期或不定期地发布有关信息，以期引起本国政府、民众和国际社会的关注并进而寻求参与和支持。

2018 年 4 月，.org 域名的非营利性运营商 Public Interest Registry 和 Nonprofit Tech for Good 联合发布了《2018 年全球非政府组织技术报告》。报告详细介绍了对全球 164 个国家的 5352 家非政府组织（NGO）进行调查后得出的结果，揭示了互联网是如何帮助非政府组织与利益相关者进行沟

通和合作的。①

92% 的受访者拥有一家网站，其中 87% 兼容移动设备；电子邮件是与捐赠者进行沟通的首选方式，63% 的受访者定期发送电子邮件，18% 的受访者使用消息应用，72% 的受访者接受在线捐赠。

社交媒体方面，尽管 95% 的受访者认同社交媒体是提高在线品牌知名度的有效工具，但只有 32% 的全球非政府组织拥有书面社交媒体策略。93% 的受访者拥有专门的 Facebook 页面，其次是 Twitter（77%）和 YouTube（57%）；25% 的非政府组织每天在他们的 Facebook 页面上发帖，24% 的受访者每天发布推文 2—5 次，而 68% 的受访者每周在 LinkedIn 上发帖少于 1 次。

这里着重介绍 3 个国家的案例。

韩国。以"网络外交使节团"（Voluntary Agency Network of Korea, VANK）所展开的公共外交活动最具代表性。"网络外交使节团"成立于 1999 年，主要目的是通过网络向外国人介绍韩国。为了达成目标，VANK 已经制作了介绍韩国的 100 多种资料、500 多个视频，分发到国外教育机构的资料总数超过 150 万张 / 部。VANK 培养出的"网络外交官"在网上积极开展向世界正确介绍韩国的各种活动。2019 年，VANK 有 15 万名志愿成员，其中包括 3 万名海外成员。②

2004 年，该组织发起行动迫使 Google Earth（谷歌地球）运营商在虚拟地图上用"东海"来取代"日本海"这一地理标识，在日本社会引起极大震动。2009 年，"网络外交使节团"发表声明称，经过调查发现，英国、美国、加拿大等国家的外交部门及其相关网站，把韩国描绘成一个"性犯

---

① 王会贤，《〈2018 年全球非政府组织技术报告〉发布 非政府组织对数据安全重视不足》，搜狐网，http://www.sohu.com/a/227955677_481602.

② "走进中国课堂的韩国"网站，http://china.prkorea.com/vank/.

罪国家"，严重诋毁了韩国的国家形象。团长朴基泰就此号召国民以世界各国的外交部、文化部、观光门户网站等为对象，共同参与正确介绍韩国、提高韩国国家品牌和国家形象好感度的运动。[①]

英国。以英国文化教育协会（British Council）为例。英国文化教育协会成立于 1934 年，是英国皇家特许的非营利机构，也是促进文化交流的国际机构。协会受英国公共外交委员会监管，部分经费来自外交及联邦事务部等部门的财政拨款。协会与全球 100 多个国家开展合作，涉及艺术文化、英语语言、教育和社会发展领域。协会为青年目标群体建立了国际青年科学家网、探索社会创新网、英语在线等网站，并在 Twitter、Facebook、YouTube、微博、微信、优酷、豆瓣等社交网站上注册账号，运用图文、视频第一时间发布协会最新活动信息和开展英语教学服务。2018 年，全球有超过 7.9 亿人通过网络、电视广播和出版物与其进行互动。

英国民调机构 YouGov 曾经在中国开展关于"英国文化教育协会活动对中国年轻人的影响"的调查研究，报告显示：参加活动与对英国的信任度之间呈正相关，参加活动的中国年轻人对英国的信任程度要比没有参加过活动的年轻人高 10%—20%，并且，这种信任度随着参加活动的数量的增多而增加。[②]

美国。在互联网肇始的美国，思想库、慈善组织、环保组织等非政府组织都不惜成本建设官方网站等网络平台，以此作为开展公共外交的媒介。1999 年 11 月底在美国西雅图召开的世界贸易组织第三次部长级会议开幕式，由于近 3 万人的游行示威和大规模骚乱而被迫延迟了 5 个多小时。这是 NGO 借助互联网影响国际政治斗争进程的一个重要事件。抗议的发起者

---

① 《韩国为"性犯罪国家"形象着急》，环球网，https://world.huanqiu.com/article/9CaKrn Jlztp.

② 英国文化教育协会官网，http://www.britishcouncil.org/about/publications.

是美国的一些劳工、人权和环保组织。示威者们相隔千里、互不认识且具有不同的信仰。他们能在短短的时间里聚集在西雅图，完全得益于费用低廉且传播迅速的互联网络。早在 1993 年 3 月，游行发起者就通过互联网上的新闻组来组织这次抗议集会。随着世贸组织会议的临近，示威者们建立了众多的网站来进行宣传鼓动，进行各种信息的交流，对这次游行示威进行了周密的安排和策划。[①]

学者扎特平利那的采访调查表明，美国政府拥有的媒体在国际社会并不受欢迎，相反，美国政府资助的非政府组织的媒体传播的信息则被认为是"平衡的"，不是"宣传"，更容易被外国公众接受，尽管他们也总是展示美国政府的视角，重点推出美国政府的代表性观念，并尽力遮掩反对派的观点。[②]因此，美国政府把非政府组织的网络公共外交视为国家软实力和外交战略的重要组成部分而予以关注和扶持。

但需要特别警惕的是，美国的一些非政府组织超越正常的网络公共外交活动，通过互联网对他国内政进行干涉。2019 年 12 月，中国政府决定对"美国国家民主基金会""美国国际事务民主协会""美国国际共和研究所""人权观察""自由之家"等在香港修例风波中表现恶劣的非政府组织实施制裁。"自由之家"除了幕后资助纵乱，还多次通过 Facebook 公开声援美国干预香港事务、煽动暴力乱港，其所为是对公共外交的背离和反动。

---

① 丁斗，《互联网中的国际政治权力》，《国际经济评论》，2000 年第 3 期，第 17 页。

② 张丽君、［澳］马克·威廉姆斯，《非政府组织在公共外交中的身份分析》，《公共外交季刊》，2014 年秋季号，第 56 页。

第三节　国内社会组织的网络公共外交

一、国内社会组织的发展

2006 年，党的十六届六中全会首次提出"社会组织"这一具有中国特色的概念。在此之前，民政部年度统计公报曾使用"社团"和"民间组织"的概念来表述。

改革开放以来，来自体制变革的制度需求、公共空间的拓展和集体行动背后所代表的社会阶层基础的转型成为中国社会组织发育成长的重要机制，[①] 到目前，中国社会组织"已经达到相当的规模，成为遍及社会生活各个方面、各个层次、各个领域的一种普遍的社会现象和社会力量"[②]。特别是近几年来，民政部联合有关部门，围绕完善社会组织法律体系、改革社会组织登记制度、提升社会组织自身能力、推动社会组织信息公开和信息化建设等问题，出台了一系列法律法规和扶持政策，促进了社会组织的发育成长。根据《2017 年社会服务发展统计公报》，截至 2017 年底，全国共有社会组织 76.2 万个，其中，社会团体 35.5 万个，基金会 6307 个，民办非企业单位 40 万个。

在中国的社会组织中，有两类社会组织与公共外交、互联网密切相关。

一是公共外交类社会组织。

1. 公共外交协会。公共外交协会是以公共外交为使命的社会组织。全

---

① 王名，《走向公民社会——我国社会组织发展的历史及趋势》，《吉林大学社会科学学报》，2009 年第 5 期，第 8 页。

② 王名，《社会组织与社会治理》，社会科学文献出版社，2014 年版，第 5 页。

国性的公共外交协会为中国公共外交协会，该协会成立于 2013 年 3 月，由中国公共外交领域专家学者、知名人士、相关机构和企业等自愿参加组成，旨在通过提供专业咨询、协调服务和国际交流，统筹社会各界资源，发挥民间渠道作用，推动中国公共外交事业发展，增进中国人民与世界各国人民之间的相互了解和友谊，向世界展示中国文明、民主、开放、进步的国家形象，为中国和平发展营造良好的国际环境。中国公共外交协会的业务主管单位为外交部。

自 2011 年开始，至 2018 年底，在全国政协外事委员会的大力倡导和推动下，上海公共外交协会、天津公共外交协会、广东公共外交协会、温州公共外交协会、南京公共外交协会、杭州公共外交协会、青田公共外交协会、扬州公共外交协会、珠海公共外交协会、佛山公共外交协会、河源公共外交协会、惠州公共外交协会、中山公共外交协会、清远公共外交协会、东莞公共外交协会、汕头公共外交协会、江门市公共外交协会、汕头市龙湖公共外交协会、肇庆公共外交协会、韶关市公共外交协会、惠州市惠阳区公共外交协会等 20 余家省级、地市级、县级公共外交协会相继成立。这些地方公共外交协会以地方人民政协为业务指导单位，工作有声有色，十分活跃。

此外，中国新闻史学会下面的二级组织——全球传播与公共外交委员会，成立于 2017 年 1 月，从新闻传播学视角研究公共外交，在学术界也有一定影响力。

2. 名称中冠以"对外友好""国际交流"等字眼的社会组织。如中国人民对外友好协会、太平洋国际交流基金会、中国教育国际交流协会等。

3. 为社会组织搭建公共外交平台的平台型社会组织。如 2013 年成立的云南省民间及社会组织国际交流促进会，就是旨在为云南社会组织开展国际交流合作和公共外交搭建平台。

二是网络社会组织。

网络社会组织是在网络安全和信息化领域开展工作的社会团体、基金会和社会服务机构。网络社会组织是推进网络安全和信息化工作的重要力量，是互联网条件下创新社会治理的重要依托。截至2016年12月，我国网络社会组织总量为1333家，其中全国性网络社会组织47家，地方性网络社会组织1286家，[①] 业务覆盖数字经济、信息化发展、网络文化与传播、网络公益、网络安全等领域。

在中国的网络社会组织中，成立历史较早、具有较大影响力的当属成立于2001年的中国互联网协会。笔者曾在中国互联网协会秘书处工作数年，见证和参与了中国互联网协会的发展。多年来，中国互联网协会充分发挥熟悉行业、贴近企业、专家资源丰富的优势和桥梁纽带作用，在推动行业发展、开展调查研究、倡导推进行业自律、组织业界交流、参与国际合作等方面作出了令人瞩目的成绩。2017年，在国家互联网信息办公室有关部门主办的首次全国网络社会组织工作推进会上，由中国互联网协会主办或参与主办的中美互联网论坛、中国互联网大会、中国互联网企业社会责任论坛等6个项目入选2016—2017年度（第一批）全国网络社会组织一类品牌项目。

最近几年，国家互联网信息办公室着力加强网络社会组织建设，先后指导成立了中国互联网发展基金会、中国网络空间安全协会、中国网络社会组织联合会（简称"中网联"）等全国性网络社会组织。其中，中网联是于2018年5月最新成立的。笔者作为筹备组成员，参加了中网联的筹建和成立后一段时间的工作。中网联的宗旨是"在党和政府的领导下，积极发挥桥梁纽带作用，统筹协调社会各方资源，促进网络社会组织发展，凝聚网络社会组织力量，强化网络社会组织的作用发挥，引导网络社会组织互相学习、共同提高，增强个体活力和整体工作水平"。成立两年来，中

---

① 《首次全国网络社会组织工作推进会在镇江召开》，中国政府网，http://www.gov.cn/xinwen/2017–06/07/content_5200676.htm.

网联积极推进数字经济和网络扶贫工作，大力推动网络诚信建设，主动参与网络空间治理，先后举办 2018 网络媒体论坛、中国网络诚信大会、2019 中非互联网行业交流、中巴互联网治理研讨会等一系列活动，取得良好社会反响。

二、社会组织在公共外交中的地位和实践

（一）地位

在国内，社会组织作为连接国家和社会的纽带和桥梁，在推动国家治理体系和治理能力现代化的过程中扮演着不可或缺的重要角色。在国际政治领域中，源于意识形态的差别性，中国政府与西方背景的国际非政府组织之间在对话与交流方面还存在着许多屏障。在这种情景下，中国的社会组织成为政府与国际非政府组织之间建立联系、进行对话的"连接带"或"缓冲区"。① 虽然当前国内尚无社会组织公共外交的战略规划和顶层设计，但社会组织作为中国公共外交重要主体的地位正逐渐得到国家政策层面的确认和制度上的保障。

2015 年，民政部等 9 部门联合印发《关于社会智库健康发展的若干意见》，对社会智库参与公共外交提出明确要求：支持具备国际视野、政治可靠、德才兼备的社会智库专家到国际组织任职。鼓励、支持有条件的社会智库申请联合国经社理事会咨商地位，参与公共外交和全球治理，对外讲好中国故事、传播好中国声音，提升国家软实力，增强我国国际话语权。

2016 年 8 月，中共中央办公厅、国务院办公厅印发了《关于改革社会组织管理制度促进社会组织健康有序发展的意见》，提到"引导社会组织

---

① 刘祖云，《非政府组织：兴起背景与功能解读》，《湖南社会科学》，2008 年第 1 期，第 77 页。

有序开展对外交流，参加非政府间国际组织，参与国际标准和规则制定，发挥社会组织在对外经济、文化、科技、体育、环保等交流中的辅助配合作用，在民间对外交往中的重要平台作用"。

"一带一路"倡议的实施，则为社会组织参与公共外交提供了新平台。2017 年 11 月，中国民间组织国际交流促进会在北京发起成立丝绸之路沿线民间组织合作网络（Silk Road NGO Cooperation Network）并召开首届论坛。国家主席习近平向论坛致贺信，指出"民间组织是推动经济社会发展、参与国际合作和全球治理的重要力量。建设丝绸之路沿线民间组织合作网络是加强沿线各国民间交流合作、促进民心相通的重要举措"。①51 个国家的民间组织代表出席论坛，达成《丝绸之路沿线民间组织合作网络论坛共识》。共识中提到，"我们感到，民间组织是连接政府与社会的重要桥梁，是联系民众、反映民意的重要渠道，是推动民心相通的重要力量。丝绸之路沿线民间组织合作网络的成立，为民间组织发挥独特优势、凝聚社会力量、推动民心相通提供了重要机遇。"

（二）实践

社会组织开展公共外交常见的方式包括组织或参与国际会议影响公共决策、参与国际标准制定、开展跨国合作、在国外设立机构开展长期项目等。

以中国互联网协会参与主办中美互联网论坛为例。中美互联网论坛由中国互联网协会、美国微软公司联合主办，旨在促进中美两国互联网业界的交流与合作，2007 年以来已先后举办了八届，不仅在两国互联网业界产生了良好影响，也引起国际社会的广泛关注。2015 年 9 月 23 日，中国国家主席习近平在西雅图微软公司总部会见出席中美互联网论坛双方主要代

---

① 《习近平主席致首届丝绸之路沿线民间组织合作网络论坛贺信》，新华网，http://www.xinhuanet.com/politics/2017–11/21/c_1121988276.htm.

表并发表讲话。

表 3　历届中美互联网论坛基本情况一览

届次	时间	地点	主题
第一届	2007 年 11 月	西雅图	
第二届	2008 年 11 月	上海	发展与合作
第三届	2009 年 12 月	旧金山	交流合作，应对挑战
第四届	2010 年 11 月	北京	为了更加有用、更可信赖的互联网
第五届	2011 年 12 月	华盛顿	互联网服务提供者的社会责任、社交网络发展、互联网治理、网络安全
第六届	2013 年 4 月	北京	对话、沟通、理解
第七届	2014 年 12 月	华盛顿	对话与合作
第八届	2015 年 9 月	西雅图	互利共赢、领航未来

　　参与国际标准的制定，提升中国在某领域的话语权和影响力，也是社会组织开展公共外交的重要内容。在这方面，行业标准类社会组织具有独特优势。2018 年 1 月，笔者赴中国通信标准化协会调研，了解到该协会长期以来服务国家改革开放和外交大局，聚焦通信技术领域标准化活动和相关研究工作，深化与国际 / 区域性通信标准化组织合作，组织会员单位积极参与和主导制定国际标准，在推动国内先进技术标准成为国际标准方面作出了自己的贡献。

　　2020 年新冠肺炎疫情全球防控期间，国内一些社会组织也积极参与到公共外交活动当中。如中国光学光电子行业协会液晶分会发表公开信，呼吁业界同仁关注日韩疫情，力所能及地向日韩同行企业分享防疫经验和提供援助；中国香化协会向多家国际性非政府组织和国外非政府组织发函，通报中国防控新冠肺炎疫情的举措和取得的效果，向受到疫情影响的国家和地区的非政府组织表示慰问，这些非政府组织在回函中普遍肯定了中国政府所采取的一系列防疫措施，表示将继续与香化协会保持紧密的信息沟通，加强业务合作。[①]

三、社会组织与网络公共外交

在网络公共外交中，社会组织可以通过网络平台介绍组织发展动态、传播中国文化、在线开展中外交流互动。在某些时刻，社会组织还可以民间身份对一些重大事件发表看法，向外国政府和国际社会传达政府的态度和意见，起到配合政府外交、维护国家利益的积极作用。为了达到"舆论共振"的效果，多家社会组织还可以就某一事件集中表态，提升舆论强度。

2008年，拉萨"3·14"事件发生后，一些西方媒体对中国进行完全不顾事实的歪曲报道和恶意攻击，对此，中国高等教育学会新闻学与传播学专业委员会于当年4月20日发出公开信："作为新闻教育工作者，我们对一些西方媒体这种与世界和平发展潮流相对立、与新闻职业道德精神相背离的行为感到遗憾；作为中国人，我们不能容忍一些西方新闻媒体对中国和中国人民的亵渎。"[②]

2012年9月，日本政府不顾中方的多次严正交涉，对我国钓鱼岛及其附属岛屿实施所谓"国有化"，严重损害了两国关系。对此，中华全国新闻工作者协会、中日友好协会、中国广播电视协会演员委员会等多家社会组织在短时间内通过互联网等渠道集中发表严正声明，旗帜鲜明地表达了立场和态度。

2019年5月下旬，美国电子电气工程师学会（IEEE）旗下的通信学会

---

① 《疫情期间中国香化协会向相关国际组织发出慰问》，中国香料香精化妆品工业协会官网，http://www.caffci.org/xh_common.php?code=53&lan=3&page=2.

② 《中国新闻传播学界对西方媒体的恶意攻击作出回应》，千龙网，http://news.qianlong.com/28874/2008/04/20/135@4404818.htm.

（Communications Society）给该学会所属刊物发出通知，要求禁止来自华为公司的员工参加审稿等学术评价活动。对此，中国计算机学会于5月30日发表公开声明予以回应，称此举严重违背了作为一个国际性学术组织应遵循的开放、平等和非政治化的基本原则以及学术组织应遵循的基本准则，也背离了IEEE过去所倡导的价值观和使命。6月2日，中国电子学会、中国通信学会、中国人工智能学会等10家国内学会类社会组织在中国科协官网联合发表声明，对IEEE的行为予以谴责，分析了此举对国际学术交流带来的危害，呼吁多方共同努力，让学术交流回归正常轨道：

近日，IEEE对华为员工及华为资助的个人参与审稿作出无理限制，我们深感震惊。

科研人员参与期刊审稿是履行同行评议责任的基本权利，没有国籍、种族或机构之分。对科学家从事正常学术交流横加限制，是对学术独立、科学精神和科学共同体价值观的亵渎，是对正常学术交流秩序和科技发展的粗暴践踏。我们强烈认为，对学术交流政治化的危险做法应高度警惕，并对其给国际学术交流蒙上的阴影深表忧虑。

科学无国界。IEEE作为具有国际影响力的非政治性、非营利组织，其内部少数人将学术交流与政治捆绑的举动，完全背离其长期秉持的"可信赖、无偏见"的核心价值。这一"审稿门"事件，是对科学家个人和机构的严重歧视，是学术交流发展中的严重倒退，已成为国际学术界科技界的一场危机。

作为与IEEE有着长期良好合作的学术组织，我们对学术交流政治化的逆流坚决反对，对挑战自由平等学术交流准则的企图坚决反对，对破坏公平公正学术环境的行径坚决反对。

我们强烈呼吁，世界各国科学家、科技组织和学术共同体关注此次学术界的重大危机，共同捍卫学术交流的国际准则，确保科学研究无政治化，共同采取有效行动，避免事件滑向危害科技健康发展和人类文明进步的深渊。

解铃还须系铃人。我们敦促 IEEE 清醒认识事件对全球科学共同体所造成的危害，以实质举措消除事件的恶劣影响，让学术交流回归正常轨道，以实际行动取信于全体会员和全球科技界。①

声明发表 3 日后，IEEE 作出回应，在其网站发表中英文声明，解除对编辑和同行评审活动的限制，称 "华为及其子公司的员工可以参加 IEEE 出版过程的同行评审和编辑工作。所有 IEEE 会员都可以继续正常参与 IEEE 的全部活动，无论他们的雇主是谁"。② 可以说，正是国内多家社会组织的公开声明及其广泛传播，造成了强大的舆论和道德压力，迫使 IEEE 改变了其荒唐做法，从而维护了华为员工、科研人员的权益和声誉，间接维护了中国的国家利益。

四、对国内社会组织开展网络公共外交的建议

通过对社会组织开展网络公共外交的考察，并结合笔者的实际工作经验，对国内社会组织更好地开展网络公共外交提出以下建议。

（一）加大对社会组织的培育扶持力度，提升其造血能力

当前，国内的社会组织发展水平不均衡，特别是一些地方性社会组织，在与主管部门脱钩后，自身造血能力差，经费有限，人才匮乏，凝聚力不

---

① 《关于 IEEE 限制正常学术交流事件的郑重声明》，中国科协官网，http://www.cast.org.cn/art/2019/6/2/art_79_96270.html.

② 《IEEE 声明更新：IEEE 解除对编辑和同行评审活动的限制》，IEEE 中国官网，http://cn.ieee.org/show.php？a=720.

强，生存面临挑战。建议有关部门持续加大对社会组织的扶持力度，引导规范社会组织发展，助推其可持续长远发展，在人才、经费等方面为社会组织开展网络公共外交创造条件。

（二）加快网络传播平台建设

通过网络在线查询发现，社会组织开设网站的比率偏低，有外文版的网站更少，且大多局限于英文。这种情形制约了社会组织网络公共外交的开展，建议社会组织在条件允许的前提下做好官网建设，通过网站加大对外传播的力度。同时，也建议社会组织主动利用网络社交平台，运用多元化传播手段，提升公共外交能力。

（三）加强社会组织的互动交流

建立社会组织互动沟通的常态机制，分享开展网络公共外交的经验，特别是加强公共外交类社会组织、网络社会组织之间的日常交流，取长补短，协同配合，形成网络公共外交的合力，协力推动网络公共外交发展。此外，国内社会组织还需与国外非政府组织保持经常性沟通，以此作为参与全球治理的重要桥梁。

（四）提升智库类社会组织的话语影响力

创新智库管理体制，充分发挥学会、协会、研究会等智库类社会组织的能动性，面向国际社会推出具有思想洞察力、舆论引导力和政策影响力的研究成果，并通过创办刊物、发布报告、在新闻网站开辟专栏等方式多渠道对外传播。

（五）推动建设由中国牵头的国际性非政府组织更快发展

通常来说，国际非政府组织以参与全球治理为己任，强调国际社会的共同利益与相互协调，不寻求特定国家的特殊利益。但在实际运营中，国际非政府组织在协商处理国际事务和制定国际规则等方面，往往拥有一定的话语权，不少国家因此都将国际非政府组织视为表达诉求、传播观念、平衡利益、维护权益的平台。例如印度，根据国际协会联盟（UIA）的数据，在1555个全球协定性非政府间国际组织中，印度参与其中的1190个，参与率为76%，世界排名第14位。[①]

笔者认为，中国一方面可以借鉴其他国家的经验，利用既有平台，主动参与国际性非政府组织的相关工作；一方面应积极推动新的国际性非政府组织在中国落户，或牵头创建国际性非政府组织。目前，在中国注册登记的国际性非政府组织数量非常少。截至2018年底，在中国民政部门注册的国际性非政府组织共有37个，最新一家是2017年9月成立的世界旅游联盟，总部设在杭州。[②] 具体见下表。

表4　在中国注册的国际性非政府组织

序号	国际性社会组织名称
1	"一带一路"国际科学组织联盟
2	博鳌亚洲论坛
3	国际动物学会
4	国际二战博物馆协会
5	国际仿生工程学会

[①]　Union of International Association, Yearbook of International Organizations, Vol.2, 2007–2008, K G Saur, 2008. 转引自李华著，《世界新公共外交模式与趋势》，时事出版社，2017年版，第193页。

[②]　参见民政部官网，http://sgs.mca.gov.cn/article/fw/cxfw/shzzcx/.

续表

序号	国际性社会组织名称
6	国际粉体检测与控制联合会
7	国际风筝联合会
8	国际健身气功联合会
9	国际举重联合会
10	国际儒学联合会
11	国际沙棘协会
12	国际山地旅游联盟
13	国际数字地球协会
14	国际武术联合会
15	国际小水电联合会
16	国际烟花协会
17	国际易学联合会
18	全球能源互联网发展合作组织
19	全球中央对手方协会
20	世界汉语教学学会
21	世界旅游城市联合会
22	世界旅游联盟
23	世界泥沙研究学会
24	世界水土保持学会
25	世界医学气功学会
26	世界运河历史文化城市合作组织
27	世界针灸学会联合会
28	世界中餐业联合会

续表

序号	国际性社会组织名称
29	世界中医药学会联合会
30	世界珠算心算联合会
31	亚太港口服务组织
32	亚太森林恢复与可持续管理组织
33	亚洲大学生体育联合会
34	亚洲金融合作协会
35	亚洲排球联合会
36	中俄机电商会
37	中国东盟农资商会

上述情形在一定程度上制约了中国社会组织的国际化水平。笔者认为，有关部门可以进一步完善相应登记管理制度，推动由中国牵头的国际性非政府组织的更快发展，从而扩大参与网络公共外交的社会组织的主体规模。

第七章　公众的网络公共外交

2003 年 3 月，伊拉克战争打响，一位名叫萨拉姆·帕克斯的居民冒着生命危险，在其博客 Dear_Read.News 中坚持撰写新闻报道，他因此被称为"巴格达博主"，并名扬世界。帕克斯的博客新闻在网上广为流传，当英国《卫报》刊登了其博客内容之后，人们开始改变对伊拉克战争的认识。①

3 年后，美国《时代周刊》把"You"（互联网的使用者和内容创造者）评选为年度风云人物。对此，《时代周刊》给出的解释是：在网络社会中，权力开始从机构向个人过渡，个人正在成为"新数字时代民主社会"的公民。② 而彼时，Twitter 创办只不过半年，Facebook 开通也仅 2 年多时间，中国的网民规模只有 1.23 亿，网络普及率尚不到 10%。如果说，"You"是《时代周刊》当时的一家之言，时至今日，恐怕谁也无法再忽视个体在网络世界中的力量。2019 年，短视频创作者李子柒爆红网络，更让人看到了普通社会公众在网络对外传播中的巨大能量。

普通公众在信息传播中地位的提升，源自网络所具有的交互性、开放

---

① ［英］查德威克著，任孟山译，《互联网政治学：国家、公民与新传播技术》，华夏出版社，2010 年版，第 171–172 页。

② 刘畅等，《网络颠覆传统世界 "YOU"时代真的到了吗？》，中国新闻网，http://www.chinanews.com/it/news/2007/01–29/863131.shtml.

性、平行性、全球性、多元性、共享性、平等性和非权威主义等基本特征，这些特征能够有效克服单向式、自上而下集权控制的信息处理、创制和传播方式的局限。① 在网络环境下，传统媒体所具有的垄断性话语权日益被打破，公众的"媒介接近权"无限扩大，人人皆媒，人人用媒。公众，已毫无悬念地成为网络公共外交的一个重要主体。

本章主要围绕中国公众的网络公共外交展开论述。笔者认为，国际关系理论视域中的自由主义理论尽管来自西方社会科学领域，但对于我们认识当下中国的公众网络公共外交来说，同样可以提供一个参考维度。

第一节 自由主义国际关系理论视域中的公众网络公共外交

自由主义国际关系理论主要起源于17—18世纪启蒙运动所形成的理性主义、自由主义传统，它坚持一个理论假设前提——人类会理性地达到彼此间的合作，合作是国际关系的主要方式。自由主义国际关系理论的学术理念主要包括：

（一）本质上善的或利他的人性观

自由主义相信理性原则能够应用于国际关系，在认同个体的自利与竞争取向的同时也强调个体之间的共同利益，认为战争与冲突并非必然。②

---

① 郭熙，《信息哲学——理论、体系、方法》，商务印书馆，2005年版，第385页。
② 白云真、李开盛，《国际关系理论流派概论》，浙江人民出版社，2009年版，第37-38页。

（二）国家—社会关系视角

自由主义认为个人或者团体是最重要的政治行为体，虽然它也承认国家是国际政治的重要角色，但其眼中的国家不是现实主义所理解的类似于实心球那样的国家（Unitary State），而是"多头国家"（Poly-archy State）。换言之，"国家只是国内社会利益的集合体，个人、利益集团、政府机构以及社会团体之间构成竞争关系，国家政策与行为只是国内集团利益相互博弈与谈判的结果。"[1]

（三）强调国家间的相互依赖以及国际合作

自由主义国际关系论者认为，在全球化时代，国与国之间是相互依赖的，各有所长，一国的发展离不开他国的配合和协作，国家间需要在政治、军事、经济、文化等领域展开全方位交往。

"软实力"概念的提出者约瑟夫·奈与罗伯特·基欧汉在其著作《跨国关系与世界政治》中表达了这样的观点：传统的国家中心主义者关注的是国家间互动，国家被视为基本的行为体，国内利益只能通过政府外交政策的渠道影响到国际政治。这导致国家间政治和国内政治相分离，忽略了社会交往、跨国行为体等的跨国活动。出于对个人与组织等非政府行为体在世界政治中扮演的重要作用的认识，约瑟夫·奈与罗伯特·基欧汉提出"世界政治范式"，意指"世界体系中重要的行为体之间所有的政治活动"，其中"重要的行为体"是指"任何控制了丰富的资源并与其他行为体一起参与跨国界的政治关系的自主性的组织和个人"。[2] 难能可贵的是，他们颇具前瞻性地

---

① 任晓、沈丁立主编，《自由主义与美国外交政策》，上海三联书店，2005 年版，第 5 页。

② Robert O.Keohane and Joseph S.Nye, Jr., *Transnatinal Relations and World Poltics,* Harvard University Press，1971. 转引自白云真、李开盛，《国际关系理论流派概论》，浙江人民出版社，2009 年版，第 77 页。

提出，不同国家公民的直接交流也可能会改变国内社会精英和民众对现实的意见和理解，跨国交流通过电子媒介也会促进相互态度的变化。[①]

卡尔·多伊奇是一位为数不多的将自己大部分的研究项目专注于通信技术的国际关系学者。他认为现代化进程尤其是通信发展，可以以多种交错重叠的方式消除长久以来的动荡不安：通信流量的增加被认为是提供了在全世界范围内增进互相了解和加强国家与个人之间合作的前景，促进了国家之间的相互依存和互相渗透，激发了不同民族的"认同感"，形成阻止走向战争的理性制约因素。换言之，国际无政府状态正逐渐被不断扩大的国际治理阶层和国家之间的通信流量所克服。[②]

自由主义国际关系理论对公众和通信技术在国际关系中的地位和作用予以肯定，在一定程度上为公众参与网络公共外交的合法性和可能性提供了理论阐释。

第二节 公众网络公共外交的特点

一、自组织和他组织交互

自组织是系统科学的一个概念。所谓自组织，是指系统自行、自我组织起来的过程或现象。协同学创始人哈肯认为，"如果系统在获得空间的、时间的或功能的结构过程中，没有外界的特定干预，我们便说系统是自组

[①] 白云真、李开盛，《国际关系理论流派概论》，浙江人民出版社，2009年版，第78页。

[②] Evan H.potter, *Cyber-diplomacy: managing foreign policy in the twenty-first century*, McGill–Queen's University Press, 2002, p32.

织的。"①学者王京山对自组织理论的要点进行了概括：②1. 系统存在自组织现象的前提是开放和远离平衡态；2. 自组织系统的动力在于系统内部各组成部分之间的非线性相互作用，从系统外部找不到有目的的组织者；3. 自组织系统通过涨落导致有序；4. 自组织系统演变的两种方式是渐变和突变；5. 自组织系统的发展有可能有多种演进方向，一般而言，自组织系统是由简单到复杂、由低级到高级演进的，但是其具体的演进方向因受制于多种因素，往往是不能事先确定的。

他组织则与自组织相对。对他组织而言，在系统的有序化发展过程中，能够明确区分组织者和被组织者，组织者拥有全局性的组织力，能够形成、维持或改变系统的有序结构，进而改变系统的属性、功能、行为模式等。③自组织与他组织之间的界限并非不可跨越，在一个系统中，二者之间互为补充，在某些特定条件下还会相互转化。

公众网络公共外交在某些层面和环节体现出自组织和他组织交互的特点。以 2008 年拉萨"3·14"事件发生后，中国网民对部分西方媒体不实报道所进行的大规模反击为例：④

面对西方媒体的失实报道，网民们通过博客、视频等，搜集各种证据，用事实进行驳斥。

《惊！西方媒体竟然这样做西藏事件的新闻！》是较早的一篇对西方媒体报道指错的文章，该文章还配有 11 张图片，详细地指明了这些媒体的错误所在。随后这些照片被各媒体广泛转载。

① ［德］H·哈肯著，郭治安等译，《信息与自组织》，四川教育出版社，1988 年版，第 29 页。
② 王京山，《自组织的网络传播》，中国轻工业出版社，2011 年版，第 16 页。
③ 苗东升，《系统科学大学讲稿》，中国人民大学出版社，2007 年版，第 248–250 页。
④ 《反 CNN 网站创办内幕：中国网民为什么愤怒》，腾讯网，http://news.qq.com/a/20080401/005787.htm.

视频网站 YouTube 上，一条名为"西藏过去、现在和将来都属于中国一部分"的视频在 3 天之内点击量接近 120 万次，各种语言的评论达 7.2 万多条，并引发了各国网民关于西藏问题的大辩论。同期，另一条名为"西藏骚乱：西方媒体的真实面孔"的视频也赢得了点击狂潮。

与此同时，网民在国内的网站上也形成了声势浩大的声讨行动。以揭露西方媒体失实报道拉萨暴力犯罪事件的"反 CNN"网站刚刚成立 5 天时间，浏览量就超过 20 万人次，近 2000 人给网站提供了各种证据。很快，CNN 的新闻报道，成了移花接木、断章取义、混淆视听等背离新闻真实性原则的代名词，"做人不能太 CNN"也迅速成为网络流行语。

其实并不仅仅针对 CNN，网民还申请了"反 BBC""反美国之音"的网站。很多网友认为：CNN 只是一个代表，在它背后，是部分西方媒体对中国的误解和偏见，对此网民有必要将真相公布。

在日渐清晰的事实面前和海内外网民强大的舆论压力下，3 月 23 日，德国 RTL 电视台网站发表声明，承认其有关西藏的报道出现失实，并表示遗憾。

如果把网民（主要指中国网民和海外华人）的网上活动视为一个系统的话，很明显，该系统以自组织为主要特征，网民的行为更多是一种自发行为。在网络论坛、社区，网民以评论等方式，发表大量有关西藏和拉萨"3·14"事件真相的信息，与西方媒体的报道话语展开激烈较量。在不长的时间内，随着网民言论的累积量变，由西方媒体所垄断的较为稳定的西藏报道话语框架被打破。同时，在这个过程中，我们也很难在系统之外找到一个能左右整个网络舆论走向的组织者。但进一步观察，该系统在一些环节也呈现出他组织的特点，如 anti-cnn.com 网站的创办者饶谨，就负责将网民发来的内容进行确认并发布。

二、理性与非理性共存

如同在现实生活中一样，在网络公共外交中，以网民身份出现的公众既有理性的一面，也有非理性的一面。理性体现在言辞平和公正，讲求逻辑，以理服人；非理性则往往表现为情绪化，语言富于攻击性，观点片面极端。非理性存在的主要原因是：

1. 网络的"匿名"性

在网络中，网民的言行都是以数字化形态发生和记录的，这种虚拟性"使言说者脱掉'社会人'的面具，还原为'自然人'，理性和责任随之隐退，人的非理性和情绪化的特征就得以原生态呈现"[1]。在实名制普遍推行的情景下，网民的自律意识大大增强，但网络前台匿名后台实名的制度设计仍然在一定程度上为网络言论提供了心理上的"庇护"。

2. "群体极化"推波助澜

美国学者凯斯·桑斯坦（Cass Sunstein）在《网络共和国》一书中对"群体极化"作了描述："团体成员一开始即有某种偏向，在商议后，人们朝偏向的方向继续移动，最后形成极端的观点。"[2]他认为，造成群体极化的原因是团体内的"协同过滤"所造成的竞争观点的缺乏。"真实世界的互动通常迫使我们处理不同的东西，虚拟世界却偏向同质性，地缘的社群将被取代，转变成利益或兴趣结合的社群。"[3]在网络中，在各种组织或自组织形态的社区里，环保团体、慈善公益团体、政治爱好者往往以激进的姿态宣传群体的主张，发表对国际政治的观点。

2016年7月，由菲律宾单方面建立的南海仲裁案仲裁庭作出所谓的裁

① 张淑华，《网络民意与公共决策：权利和权力的对话》，复旦大学出版社，2010年版，第173页。
② ［美］凯斯·桑斯坦著，黄维明译，《网络共和国》，上海人民出版社，2003年版，第47页。
③ 同上，第37页。

决后，在官方外交层面，中国政府发表关于在南海的领土主权和海洋权益的声明，重申中国在南海的领土主权和海洋权益。中国外交部、全国人大外事委员会先后就裁决发表声明，认为裁决无效，无拘束力，并旗帜鲜明地表明了"不接受、不承认"这一基本立场。同时，外交部还对美国国务院发言人有关菲律宾南海仲裁案裁决的声明表示强烈不满和坚决反对。在网络公共外交层面，广大网民有理有节地表达爱国热情，争取国际舆论支持，为政府提供有力声援，体现出整体上的成熟和理性。但一段时间内，网络上也出现了一些不和谐的声音，社交媒体上冒出大量具有煽动性质的抵制肯德基的信息，围堵肯德基餐厅、滋扰顾客、训斥消费者不爱国的视频也被热传。有论者就此指出，"爱国，从来不是突破社会秩序和法律的借口，爱国情感也从来不应是以树立'假想敌'的方式来完成自我确立"，"如此以站队代替对错，以口号代替逻辑，以情感宣泄代替法律理性的做派，不仅令爱国情感被污名化，也有将一个社会推向不讲理的粗鄙境况之虞"。①

　　2019年4月，有着800多年历史的法国巴黎圣母院发生大火，在国内的一些自媒体账号上出现了题为《回忆起两百年前的圆明园，苍天饶过谁》之类的文章，在新闻报道的评论区和一些微信文章中，也有类似的言论，有网友认为，"当时法国人民烧了我们的圆明园，此次巴黎圣母院着火，也是天道好轮回"。这些文字把巴黎圣母院大火和火烧圆明园联系在一起，牵强附会，幸灾乐祸，体现出情感认知上的片面和狭隘。

　　2020年春季，新冠肺炎疫情蔓延，多个国家进入紧急状态，在人类面临巨大灾难，需要全球携手"战疫"的危机时刻，在新浪微博上关于英国、意大利等国疫情的消息后面，却常常能看到有网民以隔岸观火、戏谑、调

---

　　① 《社论："爱国"不是违法犯罪的挡箭牌》，新京报网，http://www.bjnews.com.cn/opinion/2016/07/19/410394.html.

侃的语调发表评论。

尽管从整体上看，非理性和极端情绪化的表达并非网络舆论的主流，但由于中国的国家形象在很大程度上是由中国公众形象所传达的，公众在网络上的情绪化表达和极端民族主义、狭隘民族主义倾向很容易给外国公众造成负面的心理感知，有损于中国国家形象的构建。而且，这种非理性的表达也容易为他国所利用，进而给中国的公共外交带来更大的伤害。自称非盈利的"全球之声"网站（Global voice online），在"全世界都在说话，你在倾听吗？"的口号下，跟踪世界 100 多个发展中国家的主要来自博客的公民新闻（Citizen Journalism）内容，选择其中"最有趣的"帖子由新闻来源国志愿者和外国人士进行翻译和评论，以让"美国和西欧读者了解发生在第三世界国家的、传统媒体所忽略的新闻"。学者邓建国在详细考察该网站后发现，"全球之声"对中国政治、政府治理和人权等方面的内容予以了极大关注。但"全球之声"并没有提醒读者注意"公民新闻"的局限性，在其网站上，大量关于中国的新闻虽然"有趣"，但其准确性却令人怀疑，同时报道内容严重不平衡，网民非理性言论不断出现；翻译报道中充满了"据说"等字眼，所引用的数字也常常不交代来源；对未经证实的"事实"和粗言秽语照收不误，全部翻译成英文，提供给国际社会的英语读者。[1]

第三节　公众参与网络公共外交的动力来源

公共外交，匹夫有责。公众参与公共外交可能是出于一种责任和意识，

---

[1]　邓建国，《"全球之声"网挑战中国对外传播》，《对外传播》，2009 年第 2 期，第 22—23 页。

但更深层的动力还是来自对国家的认同。在全球化时代和信息社会，国家已经并非是一台单纯的"机器"，而是认同其存在价值的社会成员的"重新想象的共同体"。在这个共同体中，国家政治认同基础经历着从民族主义到爱国主义的变迁。与民族主义对民族文化和民族本体的珍视和热爱相比，爱国主义是一种更高层次但更具体的政治理念。[①]

一、大学生对公共外交动力的认知

2019 年 6 月，笔者在华北电力大学和华南理工大学做了一个小型的问卷调查。问卷的内容是：您认为社会公众参与公共外交（包括网络公共外交）的动力是什么？是内心深处的爱国情感吗？还是其他什么原因？有 26 人书面反馈了问卷，大家基本上都认为，爱国主义情感是公共外交的主要动力。此外，有受访者认为，国家经济发展成就、公众参与意识的增强、受教育程度的提高、体现荣誉感、满足表达欲等因素也是推动公众参与公共外交的多元动力来源。下面是部分学生的问卷。

1. 分析社会公众参与公共外交的动力，以我个人的观点，内心深处的爱国主义占最主要的因素。因为内心爱国主义的驱使，希望中国在国际上有良好的国家形象，而去用言行改变外国对中国认知上的偏见。在社交媒体上赞扬中国速度及高铁建设等方面的成就，都是因为内心深处对国家高度的认同而激发出强烈的民族自豪感，这其实就是爱国主义的体现。

2. 我觉得社会公众参与公共外交主要是爱国情感在里面。毕竟开展公共外交的目的是提高国家形象，改变外国政府和公众对中国的认知。那么作为本国公民，在面对他国公民对本国的误解时，自然有义务向他人解释和澄清。这一切都是基于对祖国的热爱。如果没有这份情感，那祖国受到

---

①　赵可金、倪世雄，《中国国际关系理论研究》，复旦大学出版社，2007年版，第118–122页。

误解时就没有必要向他人解释，而是以一种"事不关己高高挂起"的心理处之。当然，我作为国家的一分子参与公共外交，对自身发展也有莫大的助推作用。个人的利益驱使"我"去提升国家形象；国家形象得到提升，符合国家利益，在这个国家中的"我"的地位和形象也会得到提升，"我"的利益也能得到满足。这是一个相辅相成的关系。所以我认为爱国情感是主要的动力，个人因素也掺杂其中。

3. 我认为公众参与公共外交，其动力的根源是爱国主义，因为作为中国人，我们都想为国家树立好的对外形象，让他们了解到真正的中国，不再受到过去所受到的歧视和欺压。换作另一个国家的人，他们也会有这样的心态，这种国家的归属感与自豪感是我们中国人的身份决定的。

4. 爱国其实就是爱自己，国家的对外形象有损，直接影响到的就是每一个国人个体。还有就是，我觉得公共外交是满足公民表达欲的一种方式。而作为普通公民，每个人都有自己的想法，都觉得自己的观点很正确，所以通过这种方式表达出来，获得别人的浏览和点赞，也是满足他们表达欲和获得成就感的一种方式。

5. 我认为公民参与公共外交是基于自己的荣誉感。这种荣誉感包括一部分爱国主义也包括一部分民族自尊心。举个例子来说，正如外国对中国有认知偏差一样，中国国内来自不同地区的人也不了解其他地区的情况，由于生活习惯、发达程度、文化水平的不同，时常会产生"地域黑""开地图炮"等问题。这时被误解地区的人就会向外界解释说明，重新塑造该地区的良好形象。而公民参与公共外交就是起到了这个作用，公民内心怀有强烈的荣誉感、民族自豪感和自尊心，以及爱国之情，想向外国打造一个良好的中国形象。所以我认为公民参与公共外交是以荣誉感为起点的，这种荣誉感是人天生就有的并且不容侵犯。

6. 首先，不可否认，内心深处的爱国情感是公众自觉维护国家形象的重要动力之一。其次，我认为维护自身利益和自尊心的需求也会促使公众参与公共外交。因为国家形象很大程度也会影响个人自身在外的形象，通常来说，强大国家的国民在对外交往时往往会更有优势。因此，公众会通过公共外交树立良好的强国国家形象来满足自身的自尊心和利益需求。最后，人们对未知事物会有一种本能的求知欲，这种求知欲是促使人类文明不断交流进步的重要内因。公共外交能够使公众了解他国的政策和他国国民的看法，填补了公众对他国认知的部分空白。

7. 我认为社会公众参与公共外交的动力，不仅仅是内心深处的爱国主义情感。一方面来说，爱国主义情感是动力之一。中国有着几千年延绵不绝、博大精深的文化。因此，每个中国人都有着根深蒂固的民族认同感和深厚的爱国主义情感。故而，公众积极参与公共外交，以提高国家形象，改变外国政府和公众对中国的认识，进而影响外国政府对中国的政策。另一方面，个人被他国普遍认可的需要也是动力之一。屈辱的近代中国，中国人在世界面前都是落后愚昧等低下的形象。近些年来，某些中国游客在国外有种种不文明的行为，给他国公众造成了不好的印象，直接影响中国公民在国外的生活以及与他国公众的交流交往，而开展公共外交有助于改变国外公众对中国人的认知。

8. 社会公众向外国展示中国形象，是一种有意识或无意识的爱国行为。社会公众参与公共外交的过程中，会感到责任感和自豪感，这是爱国情感的体现；同时，这些人的行为也会影响周围更多的人主动向外国公众介绍中国国情，展示中国魅力。

9. 经济发展成就间接成为社会公众参与公共外交的重要动力。公众在社会生活中切实感受到了中国经济发展带来的福利，人们的生活得到了实际改善，进而自然地向外国展示中国的发展成就。同时，更广泛、深入的双向交流，顺应了中国经济持续稳定发展的需求。

10. 对外交往不再只是政府外交部门的责任。越来越多的中国公众的想法发生了改变，主人翁意识在增强，更加主动地参与到对外交流中。在此过程中，公众能获得参与感与满足感，这也是社会公众参与公共外交的重要因素。

11. 有爱国主义情感在里面，因为热爱自己的国家所以会维护自己的国家，向外国公众传递中国的信息，普及关于中国的知识。同时也有对于国外报道与中国客观事实不相符的懊恼之情在里面，觉得一个东西讲错了就需要去纠正。比如 YouTube 上有很多睁着眼说瞎话抹黑中国的视频，从内容上讲这些视频的内容是很荒谬的，错得离谱，所以会纠正它。

12. 公众的这种爱国理念不会轻易表达。但是，当外界发生侵害国家利益的事件时，公众往往会纷纷站出来，通过线上言论、线下实践，表达自己的立场，维护国家利益。这不仅是爱国主义情怀的外向表达，更是因为他们知道，身处在这样一个共同体，国家的利益最终将会不可避免地影响个人的利益。出于大家、小家的考虑，都会促使公民以各种形式参与公共外交。

13. 我认为社会公众参与公共外交的主要动力是爱国情怀和时代责任感。一个有尊严的民族，不仅反映在经济实力的增长等物质层面上，更彰显在理性与成熟的精神层面上。中国人民自古以来的崇高爱国主义精神是中华民族立足世界、实现民族复兴的鲜明底色。一年多来，在中美贸易摩擦中，社会公众积极参与公共外交，宣扬爱国主义，理性自信淡定。中国人民在言论和行动上同国家立场高度一致，这是一种天然朴实的情感流露，亦是对时代责任的主动担当。

二、网络公共外交中的爱国主义

（一）爱国主义的多维视角

爱国主义是对国家的忠诚和热爱，"反映了个人对祖国的依存关系，是人们对自己故土家园、民族和文化的归属感、认同感、尊严感与荣誉感的统一"①。历史学家朱里斯·米仕莱曾说过，祖国不仅仅赋予我们生命，她还将我们所有人都包容进去，激发我们对她的热爱并反过来拥抱所有人对她的热爱。对祖国的热爱使我们对父母亲友的热爱得以拓展并变得高贵。它是一种激发无私的情感依附的友谊意义上的热爱。它是一种驱使我们迈向团结、亲密与统一的激情。②

爱国主义具有天然的地缘基础。民众热爱自己的祖国，一个主要原因就是他生于斯长于斯，这种情感类似于基于血缘关系的子女与父母的情感，不管个体的生活空间如何变迁，天然的血浓于水的纽带关系是无法割裂的。这种"脐带式"情感是爱国主义的空间维度。

爱国主义离不开文化传承。从时间维度看，爱国主义作为千百年来积累沉淀下来的情感意识，已经深深地根植于文化之中，通过文化的传承，移植到每个社会成员的内心。③在中国的历史长河中，从战国时期屈原的"路漫漫其修远兮，吾将上下而求索"，到南宋陆游的"位卑未敢忘忧国"，到清代林则徐的"苟利国家生死以，岂因祸福避趋之"，再到共产党员张富清深锁功名默默奉献，爱国主义作为一条思想主线一以贯之。

---

① 罗国杰、夏伟东等，《思想道德修养与法律基础》，高等教育出版社，2010年版，第40页。

② ［美］毛里齐奥·维罗里著，潘亚玲译，《关于爱国——论爱国主义与民族主义》，上海人民出版社，2016年版，第124页。

③ 赖雄麟、唐澍，《爱国主义合法性问题的时代化解读》，《思想教育研究》，2017年第9期，第41页。

爱国主义具有现实的利益基础。民众个体的发展与国家的发展紧密相关。一方面，国家对于疆域范围内的民众，具有提供教育就业、医疗福利和基本安全保障的义务。另一方面，对在一国之内生活的民众而言，具有获得物质利益、实现生存发展的现实需求。从供需的角度看，最大限度地为民众提供福祉，能够激发民众更强烈、更持久的爱国热情。

爱国主义体现了政治认同。政治认同是社会成员的政治归属感，体现为对国家的政治原则、政治体制和政治制度的赞同和认可，这是爱国主义最核心最本质的部分。民众只有对国家的政权组织形式和要素在内心予以认同，肯定其合法性、正当性，才能认同国家本身，进而对国家产生深深的依附感和归属感。在国家利益遭受侵害或国家面临危险时，民众才会在爱国主义情感的"助燃""牵引"下，积极寻求政治参与等多种途径，主动维护国家利益，捍卫国家尊严。

（二）爱国主义在网络公共外交中彰显

改革开放特别是进入 21 世纪以来，中国经济社会发展成就令人瞩目，国际地位和影响力显著提高，民众的民族自豪感大大增强。但与此同时，一些西方国家频频抛出"中国威胁论""中国崩溃论""中国技术有害论""中国盗窃论"等论调，在国际关系中不断碰触中国国家底线。这些举动伤害了中国民众的自尊心，触发了其内心深处的爱国主义情感。他们借助网络平台，表达自己的态度，主动参与到网络公共外交当中。如 1999 年 5 月中国驻南斯拉夫大使馆被炸事件、2001 年 4 月中美南海撞机事件、2008 年拉萨"3·14"事件、2009 年佳士得拍卖兽首事件、2012 年日本政府非法"购买"钓鱼岛事件、2016 年韩美部署萨德反导弹系统事件等发生后，网民都在互联网上掀起大规模抗议浪潮，用不同的方式传达基本一致的意见，乃至形成在线集体行动。

有一种倾向需要关注。伴随着网络短视频的快速发展，网络中的爱国主义出现娱乐化苗头，一些主播身着怪异服装，以夸张的表情、戏谑粗俗的语言来表达爱国的主题，在一定程度上消解了爱国主义的神圣性、庄严性。从本质上看，这其实是一种"伪爱国"的表现，其目的是为了博人眼球以获得流量并最终实现商业变现。这些视频在社交平台传播，只能起到反面效果，实不可取。

第四节　对公众网络公共外交的建议

国之交在于民相亲，民相亲在于心相通。从绝对数量上看，公众无疑是网络公共外交最大的参与主体。在网民日益全民化的背景下，公众网络公共外交在一定程度上决定着中国公共外交的走向和成效。

一、普及公共外交理念，培养网络公共外交意识

建议将公共外交作为全民教育的一部分，通过媒体渠道，在全社会推广普及公共外交理念，让公众认识到自身在公共外交中的责任，认识到自身的一言一行与国家形象的紧密关联，增强自律意识，提升参与网络公共外交的主动性。把学校作为公共外交教育的主阵地，从义务教育阶段起，就将公共外交作为公民通识教育的重要内容。

二、开展媒介素养教育，提升网络公共外交能力

通过媒介素养教育，重点提升四种能力。一是信息选择能力。面对过载的网络海量信息，如何甄别信息，弃伪从真，选择为我所用的信息是一种重要技能。二是内容生产能力。不但包括网络信息技术的实操技能，更

是指内容生产需要具有一定的水准。在移动智能时代，内容生产由 PGC（专业生产）向 UGC（用户生产）转变，用户即公众在生产内容时，要尽可能确保内容的客观性，实事求是地向世界展示一个真实、立体、多彩的中国。三是思辨能力。在网络公共外交中，观点的争论乃至交锋在所难免，在这个时候，需要我们依靠逻辑思辨的力量，摆事实讲道理，"理直气壮在心，理直气和在外"。四是跨文化传播能力。了解目标对象的文化背景、思维习惯和生活习俗，掌握网络对外交往礼仪，跨越文化障碍，寻求最大公约数，以同理共情之心开展网络公共外交。在媒介素养教育方面，高校新闻院系和外语类院校具备专业优势，建议由其承担主要工作。

三、完善网络法治建设，提供有力法治保障

进一步完善网络立法，深化网络综合治理，净化网络环境，为网络公共外交提供一个清朗空间。互联网企业要依法履行自身主体责任，利用技术优势，规范网络用户的信息发布行为，改进信息把关和分发机制。结合《网络信息内容生态治理规定》中的有关条款，为网民参与网络公共外交提供法治保障。

第八章　网络公共外交中的法律问题

第一节　全球公共外交立法现状

公共外交立法有助于明确公共外交在国家整体外交中的战略地位和法律地位，协调参与公共外交的各方主体间的关系和各类型公共外交之间的协作，促进公共外交行政部门有效衔接和合作，打击与公共外交相关的违法犯罪行为，保障公共外交参与主体的合法权益，为公共外交提供有强制约束力的法治保障。当前，世界范围内，就公共外交立法的国家并不多，简要述之。

一、韩国

韩国是公共外交立法最完备、最成熟的国家。2016 年 2 月和 5 月，韩国国会分别投票通过关于《公共外交法案》和《实行令》的决议。当年 8 月，《公共外交法案》和《实行令》正式生效，主要在以下三个方面作了规定。①

一是立法目的。《公共外交法案》第一条明确，"本法以强化公共外交

---

① 潘亚楠、王晓玲，《从文化外交转向公共外交——以韩国通过公共外交法案为例》，《对外传播》，2017 年第 5 期，第 77–78 页。

和提高有效性为基础，旨在提高韩国在国际社会中的国家形象"。《公共外交法案》第四条强调，"提升社会各方对公共外交重要性的共识，努力通过宣传教育来增进国民的参与力。"

二是组织架构。根据《公共外交法案》第八条及《实行令》第四条，成立公共外交委员会，委员会由包含委员长在内的 20 名委员组成，委员长由外交部长担任，委员由包括来自企划财政部、教育部、文化体验观光部、未来创造科学部、外交部、统一部、农林水产食品部等中央行政机关的次官或者次官级的公务员，以及大学或科研机构等从事外交相关领域工作十年以上者，或者具有丰富公共外交专业知识和经验者担任。委员的任期为两年，且只能连任一次。

三是计划制定。《公共外交法案》和《实行令》规定：外交部长与中央行政机关长官及地方长官协力，每五年制定一次公共外交的基本计划，基本计划包括公共外交活动的政策方向和促进目标，调整与公共外交相关的配套制度及评价等相关事项，提供对地方自治团体和民间部门公共外交的支援方案等。

二、瑞士

瑞士是从国家形象的塑造和传播角度开展立法的。根据《瑞士联邦推进海外形象法案》，政府成立专门组织"瑞士国家形象委员会"来负责瑞士国家形象建设，瑞士国家形象委员会通过开展各种公关活动来保护瑞士国家利益：传播关于瑞士的基本知识，培养国际社会对瑞士的认知，以及对瑞士的多元化和引人入胜之处进行宣介。瑞士联邦委员会每四年审查并制定瑞士外交的战略重点。2016 年 7 月，瑞士联邦委员会通过了《2016—2019 年战略规划》，提出未来四年总体战略目标：通过海外传播来加强对瑞士海外利益的保护；分析瑞士海外形象并预测改进国家形象的有利时机，以及有可能出现的对国家形象的威胁；通过适当渠道，以条理和定向的方式向目标受众传递瑞士的国家政策和立场，以增进瑞士的国家力量，在海外塑造正面并具个性的瑞士形象，为瑞士在保卫其国际利益的决策过程中提供帮助。[①]

三、美国

（一）《美国信息与教育交流法案》

1948 年 1 月，《美国信息与教育交流法案》经杜鲁门签署后正式生效。该法案为美国的公共外交活动提供了法律基础，其主要内容是授权国务院通过广播、面对面的接触、交流（包括教育、文化和技术）、出版书籍、杂志和其他方式与美国境外的受众进行沟通，参与这种沟通的机构比如美国新闻署、美国之音等的经费均来自国会拨款，这些机构的使命是增加外国人对美国社会、经济、文化、历史、法律、教育、社区等的了解。[②]

根据该法案，广播管理委员会（BBG）下属的美国之音、自由欧洲电台、自由亚洲电台、中东广播网等国际媒体多年以来一直用数十种语言向世界各地的听众进行对外广播。法案要求，政府资助的媒体不能垄断国内市场，因此，上述广播机构把听众范围限定在美国之外。1972 年的《外交关系授权法案》则进一步明确规定："禁止面向海外听众的关于美国、美国政策和美国人们的信息向国内传播。如果要面向国内传播，必须经过国会特别授权。"

为避免与法律相抵触，1994 年"美国之音"开办网站时，通过把服务

---

① 江伟强，《推动公共外交立法宜尽早启动》，《公共外交季刊》，2018 年夏季号，第 21~22 页。
② 《美国历史系列 159：信息与教育交流法》，ShareAmerica 网站，https://share.america.gov/zh-hans/american-history-159-the-smith-mundt-act-of-1948/.

器设在海外的方式来寻求合法性。但这并没有从根本上解决问题，网络传播的全球性决定了用户分布的全球性，单纯以疆域地界划分传播范围显得力不从心。因为"美国之音"的节目上网后，美国国内公众也可以自由地通过网络来收听收看。此外，美国本土的一些电视台也从"美国之音"网站上下载视频节目来播放，而它们的主要观众正是美国公民。网络环境下的美国公共外交，要做到对国内受众和国外受众进行精确区分显然是一件十分棘手的事，事实上也不可能完全做得到，但如此就违背了《美国信息与教育交流法案》的立法精神。

现实要求法律作出及时调整。2013年1月，《2013年国防授权法案》对《美国信息与教育交流法案》进行了修订，授权为海外受众准备的有关美国的信息和材料出于其他目的可以在美国国内传播。从2013年7月2日起，BBG旗下的国际广播内容面向国内开放，美国主流媒体，如CNN、FOX NEWS、美联社、《纽约时报》《华盛顿邮报》《华尔街日报》等都开始使用BBG下属的国际广播的新闻稿件/节目。[①]

（二）《波特曼—墨菲反宣传法案》

美国一方面通过修订法律以适应公共外交新的发展形势，另一方面，又通过颁布新法的方式，对他国的公共外交进行抵制，体现出美国公共外交所具有的防护性、单向性思维特征。

2016年12月，美国总统奥巴马签署《波特曼—墨菲反宣传法案》。根据该法案，美国将在2017财年和2018财年分别拨款8000万美元，建立"反外国宣传和虚假新闻中心"。该中心隶属国务院，国防部、国际开发署、广播理事会、情报机关等部门参与其中，其任务是拓展和整合全联

---

① 张超，《现代史密斯—蒙特法与美国国际广播走向》，《对外传播》，2016年第3期，第75页。

邦政府的资源，对外国政治宣传和谣言进行反制和曝光。根据法案，国会将拨款建立基金会，向非政府组织、记者、私人公司及研究机构提供资金支持。[1]

该法案的设计者之一、共和党参议员罗布·波特曼称，该法案不是针对某个国家的，而是针对宣传本身，"要说明的是，我们的法案不是为了某种目的而针对某个国家或某些国家，而是为了创造一种能打赢思想战的更全面、更积极的方式"。但中国人民大学中美关系问题专家时殷弘认为："该法案最初的目的当然是针对俄罗斯。但鉴于特朗普与俄罗斯的密切关系及其在俄罗斯的商业利益，现在看来，该法案似乎完全针对中国。"[2]学者聂书江认为，从文明交流的角度看，《反宣传法》本质上是一种"逆全球化"的典型代表。[3]

四、中国

中国目前还没有针对公共外交的专门法律，对网络信息传播的有关规定主要体现在以下法律法规中。

（一）法律

《全国人民代表大会常务委员会关于加强网络信息保护的决定》（全国人大，2012 年）、《网络安全法》（全国人大，2016 年）等。

---

[1]　萧达等，《美台军事交流首次纳入美法案　新设机构对抗中俄》，环球网，https://taiwan.huanqiu.com/article/9CaKrnJZmZ9.

[2]　自媒体"联合金融"，《奥巴马签署"反宣传法"》，搜狐网，http://www.sohu.com/a/122965064_333584.

[3]　聂书江，《试论美国〈反宣传法〉对我国的影响及应对策略》，《对外传播》，2017年第3期，第30页。

（二）行政法规

《信息网络传播权保护条例》（国务院，2006 年。2013 年修订）、《互联网信息服务管理办法》（国务院，2000 年。2011 年修订）、《计算机信息网络国际联网安全保护管理办法》（国务院，1997 年。2011 年修订）等。

（三）部门规章

《互联网文化管理暂行规定》（文化部，2011 年）、《网络出版服务管理规定》（国家新闻出版广电总局、工业和信息化部，2016 年）、《互联网新闻信息服务管理规定》（国家互联网信息办公室，2017 年）、《区块链信息服务管理规定》（国家互联网信息办公室，2019 年）、《儿童个人信息网络保护规定》（国家互联网信息办公室，2019 年）、《网络信息内容生态治理规定》（国家互联网信息办公室，2019 年）等。

上述法律法规中，《信息网络传播权保护条例》（以下简称"《条例》"）和《网络信息内容生态治理规定》（以下简称"《规定》"）对中国的网络公共外交具有重要意义。

《条例》第二十六条规定，信息网络传播权是指以有线或者无线方式向公众提供作品、表演或者录音录像制品，使公众可以在其个人选定的时间和地点获得作品、表演或者录音录像制品的权利。该项条款没有明确说明拥有"信息网络传播权"的主体范围，但如此也即表明一切合法组织和个人都有运用互联网传播合法信息的正当权利。从立法的社会背景和调节社会关系的需求看，2006 年出台的这部行政法规契合了信息科技环境下社会各方参与网络传播的现实情境。

《规定》对中国网络公共外交的意义更为直接和重大。《规定》对"网络信息内容生产者"进行了界定，指"制作、复制、发布网络信息内容的组织或者个人"，其中的"组织"既可以指企事业单位，也包括社会组织等。《规定》第五条第六款规定，鼓励网络信息内容生产者制作、复制、发布"有助于提高中华文化国际影响力，向世界展现真实立体全面的中国"的信息。《规定》第八条进一步规定了网络信息内容服务平台的义务：履行信息内容管理主体责任，加强本平台网络信息内容生态治理，培育积极健康、向上向善的网络文化。第十一条鼓励网络信息内容服务平台坚持主流价值导向，优化信息推荐机制，加强版面页面生态管理，在 13 个重点环节积极呈现第五条规定的信息。《规定》以部门规章的形式明确了组织（包括平台企业）和个人网络信息内容生产者的法律地位，赋予其制作、复制、发布网络信息内容的权利，鼓励其参与以提升中华文化影响力和中国国家形象为主旨的网络对外传播活动。《规定》虽没有明确提及网络公共外交，但上述条款所指与网络公共外交的内涵是相通的。《规定》的发布和实施将提升有关组织和个人参与网络内容生产传播的积极性，保护其合法权益，推动中国民间力量网络公共外交步入一个新阶段。

第二节　网络违法犯罪给网络公共外交带来干扰

　　网络不是法外之地，这已经成为社会普遍共识。在互联网发展初期，网络世界曾一度弥漫着一种无政府主义的情绪。美国学者约翰．P. 巴洛的观点颇具代表性，他在《网络独立宣言》中宣称："工业世界的政府们……我来自网络世界——一个崭新的心灵家园。作为未来的代言人，我代表未来，要求过去的你们别管我们。在我们这里，你们并不受欢迎……你们所宣称的许多问题并不存在。哪里有冲突，哪里有不法行为，我们会发现它们，并以我们自己的方式来解决。"①事实已经证明,巴洛所言是一种极端的带有空想色彩的自信和乐观,网络世界不可能独立于现实世界而运转,网络空间也不是一个靠网民自治便可有序运行的数字空间。网络中日益凸显的违法犯罪现象,不但侵袭了正常的网络生态环境,也侵蚀了用户对网络的信任,间接干扰了网络交流互动,给网络公共外交带来消极影响,亟需来自法律层面的有力规制。

与网络公共外交相关的网络违法犯罪主要体现在以下四个方面。

一、侵犯版权现象突出

在网络环境下,版权纠纷呈"井喷"之势,主要原因是:网络资源共享理念与保护著作权人利益之间存在冲突,网络用户知识产权保护意识相对淡薄;在网络中,图文、音视频等文本以数字化的虚拟形式存在,复制和传播高度智能化,侵权的技术门槛很低;违法成本低,诉讼成本高,受害方维权难度大;各国法律间的冲突、跨境取证认证的难度等在客观上为侵权行为提供了"庇护"。近年国家版权局等部门公布的这几起网络侵权盗版案件就很有代表性。

1. 2016 年 6 月,江苏省常州市文化广电新闻出版局对"九九漫画"等网站涉嫌侵犯信息网络传播权案进行调查。经查,张某于 2010 年至 2016 年 7 月间陆续开办"九九漫画""可可动漫"等漫画网站,未经著作权人许可,通过上述网站向公众提供《灌篮高手》《火影忍者》《海贼王》等 351 部漫画作品,涉及境内外众多权利人的作品。截至 2016 年 7 月,张某通过在网站发布广告,从广告联盟非法获利 4.8 万元。2016 年 7 月 7 日,江苏省常州市

---

① [美]约翰.P.巴洛,《网络独立宣言》,李旭、李小武译,转引自《清华法治论衡》第4辑,清华大学出版社,2004年版,第509-510页。

文化广电新闻出版局依法对张某作出行政处罚：没收违法所得，罚款人民币17万元。该案的查处有效维护了境内外漫画作品权利人的合法权益。①

2. 2017年3月，上海市公安局徐汇分局治安支队侦破郑某等网络侵犯著作权案，在上海、江苏、福建3地抓获犯罪嫌疑人郑某、娄某等10人。经查，自2016年9月起，郑某盗用其所在公司开发的《航海王：启航》游戏源代码，重新生成新的游戏服务端，通过抽取游戏利润分成的方式销售给娄某。娄某开设私服游戏并在第三方网络平台"梦手游"进行游戏推广运营，涉案金额500余万元。2017年8月，上海市徐汇区人民法院以侵犯著作权罪判处郑某等5人有期徒刑两年至三年不等。②

3. 2018年6月，江苏省无锡市版权局对"紫薯影院"微信公众号侵犯电影作品著作权案进行调查。无锡佳酷信息技术有限公司通过其运营的"紫薯影院"微信公众号及相关网站，向公众提供侵权影视作品在线播放服务，并通过诱导购物、与第三方联合运营游戏等多种经营模式获利。该公司被处以罚款12万元的行政处罚。③

此外，面对随着新技术和新业态而出现的新问题，现有法律有一定滞后性。例如，在5G环境下短视频成为主流传播形态后，侵权事件更加突出。在一些网络直播平台中，签约主播未经授权擅自播放著作权人的音乐、影视作品，并通过粉丝打赏获利；或对影视作品掐头去尾进行分解，进行所谓"二次创作"；或利用AI"换脸"技术，对影视作品移花接木等。对

---

① 张红兵，《国家版权局发布2016年度全国打击侵权盗版十大案件》，法制网，http://www.legaldaily.com.cn/index/content/2017-04/26/content_7124534.htm.

② 《国家版权局通报20起"剑网2017"专项行动典型案件》，国家版权局官网，http://www.ncac.gov.cn/chinacopyright/contents/518/357499.html.

③ 刘声，《2018年度全国打击侵权盗版十大案件公布》，中国新闻网，http://www.chinanews.com/sh/2019/04-30/8824623.shtml.

于这些侵权现象，目前存在"定性"不易、缺少完善的法律救济等问题。

二、隐私权被大范围侵害

所谓隐私权，乃是指个人自由地决定在何时、用何种方式、以何种程度向他人传递与自己有关的信息的权利主张。[①] 近二十年来，网络技术不但改变了人们收集、利用、传播和交换信息的方式，而且改变了隐私权概念本身——传统隐私权不断向网络领域延伸并增加了新的实体内容，其中最重要的一点便是，人类社会越来越强调个人对其信息的自治权和管理权，即关注对资料隐私权的保护。[②]

美国学者雷曼（Jeffrey H.Reiman）认为，"如果没有隐私，我们的自由就会以两种方式——外在自由丧失和内在自由丧失——遭到明显的削弱。"[③] 在网络环境中，公众个人隐私权的被侵害主要来自两方面。

一是商业网站和移动应用程序（APP）对用户个人信息的非正当采集。数据库软件和计算机技术的应用使得以网络用户为对象的全方位数据采集活动成为可能。奥斯卡·甘迪称此为"全景类别"——一种用来收集数据并进行区别对待的超大规模架构。[④] 正是在这种架构之下，邮件服务商能够通过读取用户电子邮件的内容，来制作和推送个性化的广告；电商平台则能够利用 Cookie 缓存技术所收集的信息来了解用户的购物偏好，从而目标精准地进行产品营销活动；各种移动应用程序能够"被授权"下载用户通讯录和照片等个人信息，长期储存并做数据挖掘利用。显然，这些活动无

---

① 刘品新，《网络法学》，中国人民大学出版社，2009 年版，第 89 页。

② 蒋坡主编，《国际信息政策法律比较》，法律出版社，2001 年版，第 425 页。

③ Jeffrey H.Reiman, "Driving to the Panopticon: A Philosophical Exploration of the Risks to Privacy Posed by Highway Technology of the Future, "*Santa Clara Computure and High Technology Law Journal*, January, 1995, p34.

④ Cabdy, The Panoptic Sort, pp.8–15, 转引自《代码2.0：网络空间中的法律》，［美］劳伦斯·莱斯格著，李旭、沈伟伟译，清华大学出版社，2009 年版，第 228 页。

形之中侵害了用户的个人隐私。多年前，美国联邦贸易委员会的一项调查发现，92% 的电子商务网站会收集个人信息，但只有 14% 的网站把它们收集信息的事实告诉消费者；其中一些网站未经用户知情和同意就出售或交换这种信息。[①] 这导致网民对商业网站的不信任。2011 年，美国消费者研究所（American Consumer Institute）对 800 名消费者的一项调查可以为此提供有说服力的证据：62% 的人对类似 Google 和 Facebook 等技术公司如何使用他们的个人信息持不信任态度，61% 的被调查对象希望政府在这方面加以限制。[②]

国内，移动应用程序违法违规采集使用用户个人信息的现象也普遍存在。2018 年 8 月，中国消费者协会发布的《APP 个人信息泄露情况调查报告》显示，手机 APP 已经成为个人信息泄露的重灾区，超八成受访者都曾因此受到推销电话或短信的骚扰。从实际情况看，大多数程序未经同意采集使用个人信息，没有公开采集使用规则，没有明示采集使用个人信息的目的、方式和范围，或采集与其提供的服务无关的个人信息。移动应用程序采集的信息主要包括获取用户手机的通讯录名单、通讯记录、短信、照片、位置信息、运动数据、手机识别码等。这些非授权行为严重侵犯了用户的权益，给用户的财产安全乃至生命安全带来威胁。

二是网络黑客。人们普遍认为，黑客行为的动机在于"恶作剧"式的自我技能炫耀，或非法追逐商业利益，或出于报复心理，或纯粹追求技术把控的快感。美国学者戈登·麦耶尔和吉姆·托马斯就曾指出，黑客行为是抵御技术专家政治意识的一种嬉戏式的努力，用一种无政府式的嬉戏方

---

① Elizabeth Wasserman, "Internet Industry Fails Governments Test", *The Industry Standard,* June 8, 1988, p19.

② ONLINE PRIVACY SURVEY RESULTS，美国消费者研究所官网，http://www.theamericanconsumer.org/2011/11/30/online-privacy-survey-results/.

式，对理性技术控制进行了巨大的文化学意义上的讽刺。[①]不过，这些观点忽略了以追求国家利益或政治利益为目的的黑客，如一些民族主义黑客，其主体既可以是国家行为体，也可以是非政府组织、自组织和公民个人等非国家行为体。但不管出于何种动机，黑客的行为——未经授权或超出授权进入计算机信息系统获取秘密——都触犯了法律所设定的边界，其中一些网络黑客的行为事实上造成对公众隐私权的极大伤害。下面是近年发生的两起网络侵害隐私权事件。

1. 2017 年 11 月，Uber 发现黑客在一次大规模数据泄露事件中窃取了 5700 万名乘客和司机的信息。[②]

2. 2018 年 3 月，美国运动品牌 Under Armour 对外表示，旗下健身应用 My Fitness Pal 因存在数据漏洞而遭到黑客攻击，一共有 1.5 亿用户的数据被泄露，这些数据中包含了用户名、电子邮件地址和密码等。[③]

三、未成年人权益受到侵害

一方面，网民低龄化趋势越来越明显；另一方面，未成年人求知欲强，对事物充满好奇，但心智尚未成熟，信息辨识能力低，自我保护和法律意识薄弱，在网络环境中很容易受到不良诱导和不法侵害。

以网络直播为例。《中国互联网络发展状况统计报告》显示，截至 2018 年 6 月，国内网络直播用户规模达 4.25 亿，其中小学生、初中生、高中生

---

① 杨立雄，《黑客伦理、公有主义与声誉——对黑客行为的一种理论解释》，《社会》，2004 年第 11 期，第 55 页。

② 《Uber 自曝：2016 年 5700 万名乘客和司机个人数据泄露》，凤凰网，http://tech.ifeng.com/a/20171122/44772615_0.shtml.

③ IT168，《网络安全年终盘点：2018 年数据泄露事件回顾》，百度百家号，https://baijiahao.baidu.com/s?id=1621001611926119723.

网民中经常观看直播的比例分别达到 6.4%、18.3% 和 20.5%。一些直播平台上，低俗、色情、暴力等违法有害信息频繁出现，直接影响到未成年人的健康成长。

此外，未成年人参与网络直播现象也值得关注。2016 年 4 月，新浪、搜狐、优酷、百度等 20 家网络直播平台曾共同发布《北京网络直播行业自律公约》，承诺不为 18 岁以下主播提供注册通道。但现实中，某些网络平台等级注册监管机制尚不健全，或者平台责任履行不到位，导致一些未成年人进入平台参与直播，因其缺乏个人保护意识，在直播中可能被"粉丝"诱导泄露姓名、学校及家庭地址等个人信息，从而给自身带来潜在危险。

四、国家安全受到威胁

由于黑客的存在，许多涉及国家秘密的信息被窃取甚至被公布于众，导致国家安全受到严重威胁。网络黑客的攻击行为不只是技术问题、伦理问题，从法律角度看，也是一种违法犯罪行为，而针对国家层面的网络攻击更是对他国网络主权的严重侵犯。如下面的案例。

1. 2019 年，中国持续遭受来自"方程式组织""APT28""蔓灵花""海莲花""黑店""白金"等 30 余个 APT[①] 组织的网络窃密攻击，国家网络空间安全受到严重威胁。境外 APT 组织不仅攻击中国党政机关、国防军工和科研院所，还进一步向军民融合、"一带一路"、基础行业、物联网和供应链等领域扩展延伸，通信、外交、能源、商务、金融、军工、海洋等领域成为境外 APT 组织重点攻击对象。[②]

---

① APT 为 Advanced Persistent Threat 缩写，意为高级持续性威胁，指隐匿而持久的电脑入侵过程，通常由某些人员精心策划并针对特定的目标。参见百度百科"高级长期威胁"。

② 《2019 年我国互联网网络安全态势综述》，国家计算机网络应急技术处理协调中心官网，https://www.cert.org.cn/publish/main/upload/File/2019–year.pdf。

2. 2019 年 3 月，委内瑞拉发生持续数日的大规模停电事故，直接威胁到该国的能源安全和网络安全。委总统尼古拉斯·马杜罗指责华盛顿对本国发动"电力战"，通信和信息部长乔治·罗德里格斯则将停电明确归咎于"美国精心策划的网络攻击"。[①]马杜罗在一次电视直播中表示："经确认，美国的确发动了一次网络攻击。我只能说攻击来自休斯顿和芝加哥。对电力系统、通信网络和互联网发动的攻击来自美国这两座城市。针对委内瑞拉的迫害来自五角大楼的命令，由美军南方司令部直接执行。"[②]

第三节　网络公共外交面临的司法难题

网络公共外交中遇到的法律关系是复杂的，它既可以发生在一个主权国家之内，也会发生在不同国家之间，涉及国内法和国际法两个法律体系。就国际法而言，又包括调整涉外民商事关系的国际私法和调整国家之间关系的国际公法两个层面。现实中，网络公共外交除了遭遇各国的立法冲突外，还可能面临一些司法领域的困境。

一、取证不易

网络违法犯罪的最大特点是隐蔽性强，有关电子证据以数字形式呈现，极易被伪造、篡改和人为毁坏。同时，分布式存储和加密传输技术也加剧了取证工作的难度。如一些网络黑客利用 Root Kit 木马程序可轻易修改或

---

① 环球时报，《委内瑞拉全国停电，马杜罗称再度遭受美国"网络攻击"》，百度百家号，https://baijiahao.baidu.com/s?id=1627580976713854026&wfr=spider&for=pc.

② 环球网，《指责大停电是美网络攻击，马杜罗称将请求中俄等国协助调查》，百度百家号，https://baijiahao.baidu.com/s?id=1627873072663719586&wfr=spider&for=pc.

破坏操作系统日志，因此在计算机系统遭入侵的情况下，对计算机犯罪的电子证据进行事后静态取证所获得的证据就很可能是犯罪嫌疑人事先处理过的伪装证据。[①] 除了来自技术层面的挑战，取证难还跟全球范围内相关法律尚不健全、取证人员规范取证的意识薄弱等因素有关。

二、管辖权争议

狭义上讲，管辖权是指司法管辖权，即纠纷发生后，哪些法院具有处理案件的权限。在国际法中，传统的司法管辖以国家主权为主要原则，包括属人管辖、属地管辖、协商管辖、最低联系管辖等。在互联网出现以前，国际诉讼中的管辖权就存在很大争议，而网络空间所具有的虚拟性、全球性、无边界等特征更凸显了这一问题。以网络视频侵权案件的审理为例，至少有下列国家的法院在理论上具有管辖权：侵权人所在国、侵权行为实施地国、侵权结果发生地国、网络服务商所在国、网络服务商的涉外子公司所在国等，这就很容易导致管辖权的争议问题。

下面这个案例中所展现的法律纠纷，有助于说明网络公共外交中的管辖权争议。

2000 年 4 月，法国犹太学生联合会、巴黎国际反种族主义和排犹太主义联盟联合对雅虎公司提出诉讼，要求雅虎公司把万十字旗和其他纳粹纪念品的图片从其拍卖网站上删除，因为法国法律明确禁止陈列或出售任何煽动种族仇恨的物品。5 月，法官作出裁决，认为雅虎违反了法国法律，冒犯了法国人的"集体记忆"，要求雅虎从技术层面做到使法国用户不能访问任何含有非法的纳粹物品的网站页面。但雅虎公司以技术上无法解决

---

①　安德智，《计算机取证技术应用》，《计算机安全》，2006 年第 9 期，第 70 页。

并且法国法院对美国公司没有管辖权为由拒不执行法院裁定。当年 11 月，法国法院宣布 5 月作出的判决正式生效，命令雅虎公司安装内容过滤器，如雅虎在 90 天之内不能执行法院判决，将面临高达每天 10 万法郎的罚款。而雅虎公司则向美国北加州联邦地方法院上诉，要求法院作出宣告性判决，确定法国法院对位于美国的雅虎公司没有管辖权。[①]

---

① ［美］理查德·斯皮内洛著，李伦等译，《铁笼，还是乌托邦——网络空间的道德与法律》，北京大学出版社，2007 年版，第 86—87 页。

第九章 结 语

本书主要从参与主体的角度对网络公共外交进行了论述。一方面，在政府的公共外交活动中，网络平台受到高度重视，各国政府都毫无例外地将网络视为对外传播本国文化、阐释国家话语、表达国家立场、维护国家利益的重要渠道；另一方面，网络赋予了企业、非政府组织/社会组织、公众参与公共外交的便利，提升了其在网络公共外交中的地位。公众参与网络公共外交的动力是多元的，但爱国主义情感无疑是最根本、最恒久的动力源泉。作为一种特殊的社会关系，公共外交需要法律来调整和规范，为促进网络公共外交的顺利开展，一些国家制定、出台了相关法律；但同时，网络公共外交中的司法难题也在考验着各方的智慧。

笔者认为，在未来，网络公共外交在国际交往中的地位将愈来愈重要。作出这种判断主要是基于以下几点认识。

一、各国通过网络增强话语权和国际影响力的竞争将更加激烈

随着信息技术革命的持续推进，以及网络的全球化普及，特别是原生代网民比重的不断增加，互联网已成为国际对话和人们精神交往的重要空间，成为重塑国际传播秩序的最重要力量，成为争取人心、寻求认同的最重要平台。毫无疑问，今后各国政府将继续把网络公共外交作为提升国家

话语权、塑造国家形象、维护国家利益的重要方式和渠道。就中国而言，由于西强我弱的国际舆论格局没有根本性改变，增强国际传播力和影响力将成为网络公共外交的一项长期使命。正如习近平总书记2016年2月在党的新闻舆论工作座谈会上的讲话中所指出的，"我国综合国力和国际地位不断提升，国际社会对我国的关注前所未有，但中国在世界上的形象很大程度上仍是'他塑'而非'自塑'，我们在国际上有时还处于有理说不出、说了传不开的境地，存在着信息流进流出的'逆差'、中国真实形象和西方主观印象的"反差"、软实力和硬实力的'落差'。要下大气力加强国际传播能力建设，加快提升中国话语的国际影响力，让全世界都能听到并听清中国声音。"

二、信息科技的发展将大幅提升网络公共外交的广度和效果

移动化、万物互联、万物智联将让网络公共外交无时无地不在；大数据挖掘、深度学习、语言翻译、语义识别等技术将让网络公共外交变得更加智能和高效；无人机、AR、VR技术、全息成像技术改变了人们观察世界的视角，改善了交流互动的体验；在5G实现大规模商用以后，网络视频将成为主流传播形态，网络公共外交将变得"栩栩如生"。这一切，将给网络公共外交带来无限遐想。

三、全球化仍是世界发展潮流

互联网本身既是全球化的产物，同时也反过来促进了全球化的发展。但近年，以英国脱欧、美国推行单边主义和贸易保护主义为标志，在一定范围内呈现出"逆全球化"特点。进入2020年，前所未有的新冠肺炎疫情持续蔓延，深刻影响到世界政治经济格局和人们对未来的判断。有人认为，全球化已经步入谷底甚至已经终结；还有人认为，在后疫情时代，全

球化可能不得不回到 20 世纪 80 年代前的"有限全球化"模式。笔者认为，以辩证和历史的眼光看，全球化的整体发展态势是螺旋式上升、波浪式前进的，在某些时候，一些国家可能会出于自己的利益考量或针对全球化发展中出现的问题，对自身的全球化战略作出一定程度的调整，但这并不影响大局，业已形成的全球化生产和流通不会重回老路走向孤立和封闭。至于美国近年来的一系列"脱钩"行为，则是缺乏国际社会支持的"逆流"，不可能改变全球化发展基本走势。交流是人类社会的天性，合作是发展进步所必需，全球化仍是世界发展潮流，在疫情过后的社会重建乃至更长远的时期，各国间的经贸往来和人文交流将更为密切，网络公共外交将迎来新的发展阶段。

参考文献

1. 赵启正著，《公共外交与跨文化交流》，中国人民大学出版社，2011年版。

2. 赵启正主编，《跨国经营公共外交十讲》，新世界出版社，2014年版。

3. 赵启正等著，《跨国对话：公共外交的智慧》，新世界出版社，2012年版。

4. 李慎明著，《全球化背景下的中国国际战略》，人民出版社，2011年版。

5. 陈家刚主编，《全球治理：概念与理论》，中央编译出版社，2017年版。

6. 赵可金著，《公共外交的理论与实践》，上海辞书出版社，2007年版。

7. 彭兰著，《网络传播概论》，中国人民大学出版社，2009年版。

8. 郭良著，《网络创世纪：从阿帕网到互联网》，中国人民大学出版社，1998年版。

9. 王振海等著，《社会组织发展与国家治理现代化》，人民出版社，2015年版。

10. 何辉、刘鹏等著，《新媒体环境中国家形象的构建与传播》，外文出版社，2008年版。

11. 董小英、张海华编著，《信息高速公路与社会发展》，中国经济出版社，1995 年版。

12. 李智著，《文化外交：一种传播学的解读》，北京大学出版社，2005 年版。

13. 刘双、于文秀著，《跨文化传播》，黑龙江人民出版社，2000 年版。

14. 王名等著，《社会组织与社会治理》，社会科学文献出版社，2014 年版。

15. 刘文富著，《网络社区与国家治理》，商务印书馆，2002 年版。

16. 张向宏主编，《互联网新技术在媒体传播中的应用》，清华大学出版社，2010 年版。

17. 鞠庆麒等编著，《信息高速公路》，经济科学出版社，1996 年版。

18. 明安香主编，《信息高速公路与大众传播》，华夏出版社，1999 年版。

19. 蔡翠红著，《美国国家信息安全战略》，学林出版社，2009 年版。

20. 姜飞著，《跨文化传播的后殖民语境》，中国人民大学出版社，2005 年版。

21. 檀有志著，《美国对华公共外交战略》，时事出版社，2011 年版。

22. 王玮、戴超武著，《美国外交思想史》，人民出版社，2007 年版。

23. 李惠斌主编，《全球化与公民社会》，广西师范大学出版社，2003 年版。

24. 尹韵公主编，《中国新媒体发展报告（2011）》，社会科学文献出版社，2011 年版。

25. 陈炜著，《中国跨国公司公共外交》，广州出版社，2017 年版。

26. 郭明飞著，《网络发展与我国意识形态安全》，中国社会科学出版社，2009 年版。

27. 梁岩著，《中国文化外宣研究》，中国传媒大学出版社，2010 年版。

28. 潘维、玛雅著，《聚焦当代中国价值观》，三联书店，2008 年版。

29. 韩震著，《社会主义核心价值理念刍议》，《社会主义核心价值观与中华战略文化》，时事出版社，2010 年版。

30. 王义桅著，《国之交如何民相亲》，中国人民大学出版社，2019 年版。

31. 尹鸿、李彬主编，《全球化与大众传媒：冲突·融合·互动》，清华大学出版社，2002 年版。

32. 张志伟主编，《西方哲学史》，中国人民大学出版社，2002 年版。

33. 郭庆光著，《传播学教程》，中国人民大学出版社，1999 年版。

34. 王名编著，《非盈利组织管理概论》，中国人民大学出版社，2002 年版。

35. 中国现代国际关系研究院课题组编著，《外国非政府组织概况》，时事出版社，2010 年版。

36. 黄晓勇主编，《中国民间组织报告（2009-2010）》，社会科学文献出版社，2010 年版。

37. 康晓光著，《中国第三部门观察报告 2011》，社会科学文献出版社，2011 年版。

38. 王杰等主编，《全球治理中的国际非政府组织》，北京大学出版社，2004 年版。

39. 国家民间组织管理局编，《2008 年中国社会组织理论研究文集》，中国社会出版社，2009 年版。

40. 盛红生、贺兵主编，《当代国际关系中的"第三者"——非政府组织问题研究》，时事出版社，2004 年版。

41. 胡正荣、关娟娟著，《世界主要媒体的国际传播战略》，中国传媒大学出版社，2011 年版。

42. 郭焜著，《信息哲学——理论．体系．方法》，商务印书馆，2005年版。

43. 袁小红著，《公众舆论与美国对华政策 1948–1971》，湖南大学出版社，2008年版。

44. 李华著，《世界新公共外交：模式与趋势》，时事出版社，2017年版。

45. 任晓、沈丁立主编，《自由主义与美国外交政策》，上海三联书店，2005年版。

46. 余丽著，《互联网国际政治学》，中国社会科学出版社，2017年版。

47. 白云真、李开盛著，《国际关系理论流派概论》，浙江人民出版社，2009年版。

48. 王京山著，《自组织的网络传播》，中国轻工业出版社，2011年版。

49. 苗东升著，《系统科学大学讲稿》，中国人民大学出版社，2007年版。

50. 韩方明著，《公共外交概论》，北京大学出版社，2011年版。

51. 冯友兰著，《中国哲学简史》，新世界出版社，2004年版。

52. 何佩群等主编，《国际关系与认同政治》，时事出版社，2006年版。

53. 王军著，《网络民族主义与中国外交》，中国社会科学出版社，2011年版。

54. 蔡前著，《以互联网为媒介的集体行动研究》，江西人民出版社，2009年版。

55. 刘品新著，《网络法学》，中国人民大学出版社，2009年版。

56. 蒋坡主编，《国际信息政策法律比较》，法律出版社，2001年版。

57. 周鑫宇著，《中国故事怎么讲》，五洲传播出版社，2017年版。

58. 齐爱民、刘颖主编，《网络法研究》，法律出版社，2003年版。

59. 北京外国语大学公共外交研究中心编著，《中国公共外交研究报告 2011 暨首届 "公共外交论坛" 文选（讨论稿）》，2011 年版。

60. 鲁毅等著，《外交学概论》，世界知识出版社，2004 年版。

61. 周宏仁著，《中国信息化形势分析与预测（2010）》，社会科学文献 出版社，2010 年版。

62. 余红著，《网络时政论坛舆论领袖研究：以强国社区 "中日论坛" 为例》，华中科技大学出版社，2010 年版。

63. 闫加伟著，《草芥：社会的自组织现象与青年自组织工作》，上海 三联出版社，2010 年版。

64. 尚晓援编著，《冲击与变革：对外开放中的中国公民社会组织》，中国社会科学出版社，2007 年版。

65. 刘小燕著，《政府对外传播》，中国大百科全书出版社，2010 年版。

66. 张淑华著，《网络民意与公共决策：权利和权力的对话》，复旦大 学出版社，2010 年版。

67. 项家祥、王正平主编，《网络文化的跨学科研究》，上海三联书店，2007 年版。

68. 陆地、陈学会主编，《中国网络文化产业发展报告》，新华出版社，2010 年版。

69. 姚遥著，《新时代中国公共外交与民间外交：理论与实践》，世界 知识出版社，2019 年版。

70. 张国祚著，《中国文化软实力研究报告，社会科学文献出版社，2011 年版。

71. 中华战略文化论坛丛书编委会，《社会主义核心价值观与中华战略 文化（第三届中华战略文化论坛论文集）》，时事出版社，2010 年版。

72. 彭新良著，《文化外交与中国的软实力：一种全球化的视角》，外语教学与研究出版社，2008 年版。

73. 孙伟平著，《事实与价值：休谟问题及其解决尝试》，社会科学出版社，2000 年版。

74. 陈宪章著，《全球化与我国主导价值观的倡导》，黑龙江人民出版社，2009 年版。

75.［美］曼纽尔·卡斯特主编，周凯译，《网络社会：跨文化的视角》，社会科学文献出版社，2009 年版。

76.［美］曼纽尔·卡斯特著，夏铸九、王志弘等译，《网络社会的崛起》，社会科学文献出版社，2003 年版。

77.［美］马克·斯劳卡著，黄锫坚译，《大冲突：赛博空间和高科技对现实的威胁》，江西教育出版社，1999 年版。

78.［美］威廉·J·米切尔著. 吴启迪等译，《伊托邦——数字时代的城市生活》，上海科技教育出版社，2001 年版。

79.［美］比尔·克林顿著，金灿荣等译，《希望与历史之间：迎接 21 世纪对美国的挑战》，海南出版社，1997 年版。

80.［美］杰里尔·A·罗赛蒂著，周启明、傅耀祖等译，《美国对外政策的政治学》，世界知识出版社，1997 年版。

81.［美］亨利·基辛格著，《世界秩序》，中信出版集团股份有限公司，2015 年版。

82.［美］丹尼斯·麦奎尔著，刘燕南等译，《受众分析》，中国人民大学出版社，2006 年版。

83.［美］韦斯特. 特纳著，刘海龙译，《传播理论导引》，中国人民大学出版社，2007 年版。

84.［美］汉斯·摩根索著，徐昕等译，《国家间政治：寻求权力与和平的手段》，中国人民公安大学出版社，1990 年版。

85.〔美〕史蒂夫·莫滕森编选，关世杰、胡兴译，《跨文化传播学：东方的视角》，中国社会科学出版社，1999 年版。

86.〔美〕凯斯·桑斯坦著，黄维明译，《网络共和国》，上海人民出版社，2003 年版。

87.〔美〕劳伦斯·莱斯格著，李旭、沈伟伟译，《代码 2.0：网络空间中的法律》，清华大学出版社，2009 年版。

88.〔美〕阿尔温·托夫勒著，刘江等译，《权力的转移》，四川人民出版社，1992 年版。

89.〔英〕亚当·乔伊森著，任衍具等译，商务印书馆，2010 年版。

90.〔英〕本尼迪克特·安德森著，吴叡人译，《想象的共同体：民族主义的起源与散布》，上海世纪出版集团，2005 年版。

91.〔英〕戈尔·布思主编，杨立义译，《萨道义外交实践指南》，上海译文出版社，1984 年版。

92.〔日〕金子将史、北野充主编，《公共外交》翻译组译，《公共外交——舆论时代的外交战略》，外语教学与研究出版社，2011 年版。

93.〔荷〕穆尔著，麦永雄译，《赛博空间的奥德赛——走向虚拟本体论与人类学》，广西师范大学出版社，2007 年版。

94. Harold Nicolson, "*diplomacy*", Georgetowner University Press, November, 1988。

95. *Engagement: Public Diplomacy in a Globalised World*, Foreign and Commonwealth Office, 2008。

96. David Rothkopf, "In Praise of Cultural Imperialism?", *Foreign Policy*, Summer 1997。

97. EytanGilboa, "Searching for a Theory of Public Diplomacy", *The ANNALS of the American Academy of Political and Social Science*, 2008。

98. Walter Lippmann, *The Phantom Public*, New Brunswick (U.S.A) and London (U.K): Transaction Publishers, 1993。

99. Robert O.Keohane and Joseph S.Nye, Jr., *Transnatinal Relations and World Poltics*, Harvard University Press, 1971。

100. Evan H.potter, *Cyber-diplomacy: managing foreign policy in the twenty-first century*, McGill-Queen's University Press, 2002。

101. Hans Khon, *The Idea of Nationalism: A Study of Its Origins and Background*, The Macmillan Company, 1946。

102. Joseph S.Nye, Jr., "Public Diplomacy and Soft Power", *The ANNALS of the American Academy of Political and Social Science*, 2008。

附录1　全国政协新闻发布会分析

文／王更喜

全国政协新闻发布会始于 1983 年 6 月召开的全国政协六届一次会议。从那时起，每年"两会"召开前，全国政协都要举行一场新闻发布会，由新闻发言人发布关于召开政协会议的新闻，并回答中外记者的提问。本文以 2004 年至 2010 年间的七次发布会的文字实录为考察文本，对全国政协新闻发布会进行解读。

一、全国政协新闻发布会的特点

全国政协新闻发布会是"向世界说明中国"的高端平台。全国政协的地位和性质决定了全国政协新闻发布会作为国家层面新闻发布会的地位。同时，近年来随着统一战线的壮大和协商民主的发展，社会各界对政协工作的关注度在日益提高，政协新闻发布会作为全国政协重要的信息发布渠道也自然引起了国内外媒体的重视。

从对外传播的角度看，发布会上的一些议题常常被国外媒体广泛关注。如 2010 年政协新闻发布会之后，美国之音、路透社、英国广播公司、英国《金融时报》、新加坡《联合早报》等国外媒体就从不同视角对发言人关于"政协话语权"的表述和就"谷歌事件"所作的表态进行了大量的报道、转载和评论。

实践证明，利用好全国政协新闻发布会这个高端平台，对内可以沟通信息、引导舆论，构建思想认同与政治认同；对外则可以"向世界说明中国"，特别是说明中国特色社会主义民主政治的制度优势，进而为传播中国国家形象助力。

由于政协委员来自 34 个不同界别，其工作领域遍及各行各业，因此全国政协新闻发布会不同于专题性新闻发布会，记者们的提问往往广涉政治、经济、文化等各个领域；同时因为它是"两会"期间的第一场发布会，并且有电视和网络直播，所以发布会的准备工作要尽可能认真、充分，以确保"零差错"。这种准备首先体现于发言人在平时对各方面知识的积累与对国内、国际热点和难点问题的认真观察思考当中，也体现在发布会召开前的紧张工作中。

二、记者提问分析

（一）问题数量统计

七次政协新闻发布会，媒体共提问题 94 个（注：相同主题按一个问题计），年平均约为 13 个，每家媒体一般只涉及 1 个问题。

（二）提问内容分析

从内容上看，"政协工作"是全国政协新闻发布会的一个核心话题。记者对"政协工作"的提问大体有三种方式：一是从"政协作用的发挥"角度发问，如：去"年一年中，许多高官纷纷落马，中央在不断加强惩治腐败的力度，政协在这其中发挥了什么样的作用？"（2004）

二是结合某方面的具体问题，从"政协委员工作"的角度来发问，如：

有"专家说，暖冬的到来，对中国经济社会发展会带来一些负面影响。政协委员对这一问题有没有关注？提出过哪些意见和建议？"（2007）

三是从提案的角度来发问，如："去年金融危机以来，港澳委员的提案集中在哪些方面，今后怎么加强港澳委员的作用？"（2009）

事实上，新闻发言人会在每年的发布会上结合记者的提问，就政协的地位、职能、一年来的工作等内容进行阐述，这无疑有助于促进国内公众和国际社会对人民政协和中国政治体制的认知，提升、改善政协开展工作的民意基础和外部环境。

除了政协工作，新闻发布会上媒体提问还经常涉及经济、民生、国防预算、人事任免、两岸关系、国际关系等诸多问题。一般说来，媒体的提问主要以"政治议程（包括政策议程）、大会议程、媒体议程、公众议程"为导向。如：

1."请问全国政协如何看待2010年中美关系的走向？"（2010，政治议程）

2."今年中国政府提出力保经济增长实现8%的目标……全国政协委员对此有什么评价，围绕保增长又提出了哪些建议？"（2009，政策议程）

3."3月8日政协将会听取和审议《反分裂国家法》的草案……请问一下您对《反分裂国家法》草案的看法。"（2005，会议议程）

4."前不久，我们国家南方一些地区出现了罕见的冰冻雨雪灾害天气……暴露出一些应急管理过程中的漏洞。请问政协委员对此有什么看法？有哪些建议？"（2008，媒介议程和公众议程）

（三）问题框架比较

综合考量，中国内地媒体、中国港澳台媒体、国外媒体由于其所代表的政治或媒体立场的不同，提问的框架也往往显示出差异。中国内地媒体的问题一般集中在经济、民生等方面，而中国港澳台媒体较关心人事变动、香港政改、两岸关系等话题，国外媒体则更关注政治体制改革、军费开支、人民币汇率等问题。

三、发言人答问艺术分析

七次新闻发布会涉及张国祥、吴建民、赵启正三位发言人。通过对发布会文字实录的分析，不难看出三位发言人都体现出精湛的答问艺术，尤其是修辞手法的运用更是精妙。在新闻发布会中，恰当地运用修辞可以使话语更为生动、形象，更具思辨色彩和感染性。七次新闻发布会上，发言人使用的修辞手法主要有以下几种：

1. 对比

问："今年的政协会议与往年有所不同，今年开幕式上将由贾庆林主席亲自作常委会的报告……请问这个变化主要是出于什么样的考虑？"（2004）

发言人张国祥："政协章程有明文规定，政协全体会议要听取常委会工作报告，至于说谁代表常委会做工作报告，是主席还是哪位副主席没有规定。因此，我认为贾庆林主席来做常委会工作报告是顺理成章的。进一步说，九届全国人大的时候，李鹏委员长作常委会工作报告和本届人大吴邦国委员长作常委会报告一样是顺理成章的。"

2. 反问

问："现在台湾方面认为，在今年春运包机推展得相当顺利的情况下，讨论这个草案可能会伤害两岸人民的感情，伤害两岸的关系。您对台湾方面这些观点的看法是什么？"（2005）

发言人吴建民："有人认为这部法律会伤害两岸关系，我觉得，首先你们还没有看到这部法律，怎么能说会伤害两岸关系，有何根据呢？恰恰相反，这部法律是要促进两岸关系发展……"

3. 设问

问："去年全国有三个省政协主席因为经济问题被查，因为他们的经济问题基本上还是在政府工作期间，请问他们由政府转到政协工作的时候，有没有进行基本的经济审计？为什么去年会有这样的现象？您能不能解释一下？"（2010）

发言人赵启正："去年三个地方政协主席被免职，其中两个还进入了法律程序，这可以说是很遗憾的，也是我们不希望发生的，但它发生了。怎么解释呢？事出有因，查有凭据。事出有因，事实就是……"

4. 比喻

问："请问全国政协如何看待2010年中美关系的走向？"（2010）

发言人赵启正："奥巴马当政之后，似乎感到他对中美关系的思维有新的进展，但是今年年初，二十天内就发生了两件事情，似乎有点"春寒"的感觉……这两件事情都损害了中国的核心利益，让人感到中美关系的风云有变幻，像天气一样，时晴时阴……这种倒退的责任是在美方，这就像打网球一样，发球的是美方，中国不过是Backhand，一个反手打回去……假如中美关系是一辆汽车的话，它不是一个驾驶者，它是两个驾驶者，除了美国，还有一个是中国……"

5. 引用

如赵启正在2009年的发布会上对"法国拍卖中国兽首"一事表态时，多次使用"引用"这种修辞，借中国网友、法国作家雨果、法国作家贝尔纳·布里泽、法国前总统希拉克、政协委员等人之口，步步深入，委婉而又雄辩地谴责了法国佳士得公司的拍卖活动。

（本文刊于《对外传播》杂志2010年第3期）

附录 2　美国网络外交遭遇法律困境

文 / 王更喜

相对于政府外交、军事手段和传统公共外交，网络外交契合了当今信息科技发展的最新趋势，因此网络外交被美国政府视为"21 世纪治国方略"中的新式"武器"，然而，这个新武器却面临着不少法律困境。

近日，有媒体报道，美国社交网站 Twitter 承认：当用户在手机客户端上使用 Twitter 应用中"寻找好友"功能时，Twitter 便会下载用户整个通讯录的详细信息，并将这些信息保存在服务器上长达 18 个月之久。

消息一出，舆论哗然。然而美国外交部门更为关注的是，这种侵犯用户隐私的行为会不会对美国网络外交战略产生冲击？相对于政府外交、军事手段和传统公共外交，网络外交契合了当今信息科技发展的最新趋势，经济、便捷、方式灵活，可以直接与他国网民对话以影响其价值观和生活方式，因而在短短数年间被美国政府重视并很快成为"21 世纪治国方略"中的新式"武器"。

美国国务卿希拉里·克林顿多次强调，"我们要通过新型社交媒体与全世界的年轻人沟通，我们要用最直接的方式将美国的政策传到这些年轻人的耳朵里。"不但如此，美国政府还鼓励本国民众参与网络外交实践，通过网络与他国政府、非政府组织和民众进行交流。不过，美国要取得网络外交的预期战略目标，必须着手解决网络外交过程中所面临的法律困境。

困境一
侵犯用户隐私缺乏法律规制

美国联邦贸易委员会调查发现，92% 的商业网站会收集个人信息，但只有 14% 的网站会把它们收集信息的事实告诉用户；其中一些网站未经用户知情和同意就出售或交换这些信息。这导致了网民对商业网站的不信任。2011 年美国消费者研究所的一项调查表明：62% 的消费者对类似 Google 和 Facebook 等技术公司如何使用他们的个人信息持不信任态度，61% 的被调查对象希望政府在这方面加以限制。但在美国，除了对信用报告、医疗记录和其他有限类别的个人信息有着严格的保护之外，虚拟世界的用户隐私还缺乏明确的法律保障。

不难发现，侵犯用户隐私的背后其实涌动着商业利益的暗影。美国"电子前沿基金会"主管雷尼·莱特曼称："要求国会通过一项切实保障我们用户信息的法案几乎是一项难以达成的挑战，尤其是面临着大批广告商的游说集团的反对。"

目前，网络社交媒体已成为公众参与网络外交的最重要平台，有数据显示，至 2011 年底，Facebook 拥有的活跃用户达 8.45 亿，其中有逾 4.25 亿用户使用 Facebook 移动产品，Facebook 平台上的朋友联系次数超过 1000 亿次。在此情形下，如果美国再不出台相关法律对美国商业网站侵犯全球用户隐私的行为进行规制，无疑将对其网络外交战略产生消极影响。但如何平衡网络用户权益和广告商的利益诉求？这是摆在美国立法部门面前的一道难解之题。

困境二
网络知识产权 PK 网络服务商

在网络环境下，知识产权纠纷大量增多，一个重要因素是因为在网络中信息以数字的形式存在，其复制和传播的成本极低。为了遏制与打击网络侵权行为，美国曾在 1998 年和 1999 年分别颁布了《数字千年版权法》和《反域名抢注消费者保护法》。目前的形势要求美国出台新的法律来加强网络知识产权保护，不过这种努力却遭到巨大的阻力。

2012 年 1 月 18 日，维基百科牵头带领全球 7000 多家网站暂停服务一天，以抗议美国国会正在审议的《网络反盗版法案》和《保护知识产权法案》。这两个法案旨在打击在网络上销售盗版美国音像以及其他产品的行为，因而得到好莱坞、美国全国商会、商业软件联盟等行业及组织的欢迎。而网络服务商却对此反应十分强烈，Twitter、Facebook、YouTube 等网站联名发表公开信，称这两项法案很可能会侵害互联网自由。有人甚至极端地提出，数字化时代知识产权的强保护是徒劳无益且误入歧途的举措，是一个不合时代的错误。

一边是日益蔓延的网络侵权行为，一边是网络服务商的极力反对，美国立法部门将何去何从？这将直接关系到美国网络外交中社交媒体的使用和管理问题。

困境三
网络外交与传统部门法冲突

网络空间是现实物理空间的延续，但网络空间又相对独立，它与现实空间以及由现实空间决定的法律空间之间缺乏一一对应关系，从而对传统部门法产生了冲击。就美国网络外交而言，也会带来类似的问题。

　　1948 年 1 月,《美国信息与教育交流法案》(属行政法)经杜鲁门签署后正式生效。该法案为美国的对外宣传提供了法律依据,直到今天,美国国务院所从事的公共外交活动也以此为重要法律基础。根据这部法案,美国公共外交的重要机构"美国之音"长期以来一直用数十种语言向世界各地的听众进行对外广播。但近年"美国之音"的网络传播却与《美国信息与教育交流法案》第 501 款的要求发生冲突,按照该法案,对外广播的节目只能面向国外受众,可如今"美国之音"的节目上网后,美国国内公众可以自由地通过网络来收听收看。此外,美国本土的一些电台、电视台也从"美国之音"网站上下载音频、视频节目来播放,而它们的主要受众正是美国公民。

　　在网络环境下,传统广播机构要精确区分国内外受众,内外有别地进行信息传播,显然是一件很难做到的事。美国网络外交主管机构和立法部门又将如何应对呢?

(本文刊于 2012 年 3 月 6 日《法制日报》)

附录3 美国公共外交新动向

文/王更喜

根据美国公共外交咨询委员会在 2002 年的解释，公共外交是指"通过国际交流、国际信息项目、媒体、民意测验以及对非政府组织的支持等方式，扩大美国政府、公民与国外民众的对话，减少他国民众对美国的错误观念，提高美国在国外公众中的形象和影响力，进而增进美国国家利益的外交形式"。

从美国在一战中设立公共信息委员会，到二战中设立战时新闻处，到战后设立美国新闻署，到 1999 年新闻署并入美国国务院，再到新世纪"巧实力"语境下国家战略层面的积极实践，公共外交在美国对外政策中的地位呈现出周期性波动态势。

近年来，由于伊拉克战争、关塔那摩监狱虐囚丑闻、在国际气候问题立场上的出尔反尔等原因，美国的国际形象大打折扣。2008 年，由英国广播公司和马里兰州大学"对外政策评价课题组"联合进行的民调显示：在被调查者当中，23 个国家（包括和美国关系比较密切的加拿大、澳大利亚、英国等国）的公众倾向于认为，美国在国际上的影响主要是负面的，仅有9% 的埃及人、12% 的巴基斯坦人、19% 的摩洛哥人、23% 的印尼人相信美国反恐战争的主要目标是为了让美国免于恐怖袭击，而不是在军事上主宰中东或削弱和分裂伊斯兰宗教与人民。

这种情形已经严重影响到美国的国家安全战略和长远发展。在政治多极化、经济和信息传播全球化的背景下，美国在反恐、疾病防控、打击走私和人口贩卖等事务中很难独善其身，同时，美国的"民主输出"也需要对象国民众的舆论支持。奥巴马政府上台后，为重振美国的全球影响力，更好地实现其国家利益，及时对小布什政府奉行的单边主义强硬外交政策作出调整，给予公共外交以前所未有的重视。2010年1月，美国国务院制定了"公共外交全球战略框架"，根据该框架，美国将从组织协调、资源配置、平台建设、科学研究等方面，对公共外交进行全方位的扶持和整合。美国公共外交近两年所出现的新动向，值得我们关注和借鉴。

人际传播受到高度重视

2009年6月，负责公共外交和公共事务的美国副国务卿朱迪斯·麦克哈尔（Judith A.McHale）在一次讲演中提道："美国的公共外交需要从两个方面展开：一是传播，这需要从空中展开，广播、电视、网站和其他对外传播媒体一起为美国的政策与行动寻求解释、提供背景：二是交流，这需要从地面展开，包括直接面对面的交流、演讲、由大使馆主办的文化活动等等，这些活动旨在建立一种人际关系。"她认为，"我们的信息缺乏可信度，是因为我们在建立信任和关系方面，投入得太少；人与人的交流能够建立持久的关系，这种关系现在已经成为实现'天地战略'中'空中'目标的基础。"

应该说，通过大众传播媒介所进行的信息传播和注重"最后三英尺效果"的人际传播一直是美国公共外交的两个重要维度，但麦克哈尔的表述则把人际传播提升到一个新的高度，表明人际传播在美国公共外交格局中的地位得到显著提升。

除了传统的国际访问学者项目、图书项目、英语教学、文化展览、对外援助等方式，美国正在为公共外交搭建新的人际传播的通道和平台。以美国对中国的公共外交为例，2010 年 5 月，《关于建立中美人文交流高层磋商机制的谅解备忘录》在北京签署，这意味着未来几年内，美国将在教育、科技、文化、体育等领域与中国开展一系列的人文交流项目。此外，美国政府还准备重新启动在外国公共场所建立"美国中心"和"美国角"的计划，直接面向外国公众开展公关宣传活动。

关注公共外交人才选拔、培养与管理

美国国务院的数据显示，截至 2007 年，美国共有从事公共外交的专职行政人员 1070 名。作为美国公共外交的智囊机构，公共外交咨询委员会在其向国会提交的 2008 年年度报告中，从人力资源的角度对美国公共外交作了全面审视。

报告认为：公共外交人员需要一定天赋，需要有较高外语表达能力，需要有跨文化的直觉和意识，需要有处理纠纷和解决争端的能力，但现有的选拔考试（包括笔试和口试）不够科学，不利于人才的选拔，需要进行改革；需要加大对公共外交人员的培训，针对性地开设政治谈判、修辞、广告、营销、舆情分析等方面相当于大学水平的课程；公共外交人员在行政和管理方面花费了大量的时间，政府应该建立公共外交人员绩效考核机制，以便对其工作进行量化和科学评估；尽管新闻署早在 1999 年就并入美国国务院，但在国外从事公共外交的人员的总体布局和组织架构却丝毫没有改变，建议国务院对现有的组织架构体系进行全面考查并进行改革；与其他外事人员相比，美国公共外交人员的升迁渠道不够畅通，这不但有失公平，也影响到士气，建议国务院赋予公共外交人员合理的升职空间。

目前，公共外交咨询委员会的有关建议已被美国政府采纳。如美国国务院除了正在各地区事务局设立负责公共外交事务的助理国务卿帮办职位，还为美驻外使领馆公共外交岗位制定了长期工作规划和绩效评估机制，以明确其职责和任务。

加强公共外交效果的研究

公共外交的效果究竟如何？在传播学研究领域，效果研究最为复杂，它涉及传播主体、传播内容、传播技巧、传播对象等诸多环节。因为涉及跨文化，公共外交的效果研究可能更有难度，当前，有几个核心问题亟须回答：公共外交既受到微观主体文化、价值观等内在因素的影响，也受到国际间宏观政治、经济博弈关系的制约，传统的经验研究方法对公共外交来讲是否科学有效？公共外交的效果有几个层面，相互之间是什么样的关系？临时突发的负面事件会对公共外交的长期努力带来怎样的影响？公共外交投入与产出之间的关系是怎样的？

美国现有一些专职人员正全力以赴地进行公共外交效果的研究，如果这方面的工作能取得突破，将为美国公共外交的未来发展提供科学的理论依据，同时也会给他国开展公共外交提供借鉴。

（本文刊于 2010 年 7 月 15 日《中国社会科学报》）

附录4 中国对美公共外交：挑战与应对

文／王更喜

一、公共外交在中国整体外交中的战略地位

公共外交是向世界讲好中国故事、传递中国声音、表达中国立场、维护国家利益的有效方式。"做好和加强公共外交是推进中国特色大国外交的必然要求，是推进我国软实力建设的应有之义，是提升我国国际话语权的迫切需要"。[①]

党和政府高度重视公共外交工作。2009年7月，胡锦涛在第十一次驻外使节会议上指出，"要加强公共外交和人文外交，开展各种形式的对外文化交流活动，扎实传播中华优秀文化。"这是中国政府第一次公开提及公共外交。2012年，党的十八大报告提出，"扎实推进公共外交和人文交流，维护我国海外合法利益。"这标志着公共外交正式成为国家战略，对中国公共外交建设具有里程碑式意义。2017年，党的十九大报告提出："全面推进中国特色大国外交，形成全方位、多层次、一体化的外交布局"，"推进国际传播能力建设，讲好中国故事，展现真实、立体、全面的中国，提高国

[①] 《王毅：加强公共外交是推进中国特色大国外交的必然要求》，外交部官网，http://new.fmprc.gov.cn/web/wjbzhd/t1732676.shtml.

家文化软实力","加强同各国政党组织的交流合作,推进人大、政协、军队、地方、人民团体等对外交往","积极促进'一带一路'国际合作,努力实现政策沟通、设施联通、贸易畅通、资金融通、民心相通,打造国际合作新平台,增添共同发展新动力",这些表述丰富了公共外交的内涵,对公共外交的实现路径和具体措施作出了更明确的要求。

由于国家的政策引导和大力支持,同时也得益于中国全方位外交所创造的良好国际环境,从 2008 年起,中国的公共外交进入了发展黄金期。全国政协和外交部、科技部、教育部、商务部、国务院新闻办公室等部门都在积极参与和推动中国公共外交不断前行。从参与主体看,公共外交的主体呈多元化态势,除了政府层面,企业、社会组织和公众等都加入到公共外交的队伍中来。近 10 多年时间里,多家公共外交智库和教育机构、公共外交类社会组织在全国范围内陆续成立,公共外交教育教学、理论研究和实践趋向深入。

二、中国对美公共外交面临的形势日益严峻

中国与美国,一个是最大的发展中国家,一个是最大的发达国家,同时又是世界两大经济体,中美关系因此成为当今世界最重要的双边关系之一。与之相对应,中国对美公共外交在中国的公共外交事业中居于重要地位。最近一些年,特别是特朗普政府上台后,受冷战思维和美国外交政策调整的影响,中国对美公共外交的国际环境变得复杂而严峻。

(一)冷战思维对公共外交的影响

所谓冷战思维,是指在二战后持续 40 多年的东西方冷战的国际大环境中人们观察国际事务特有的思维模式或认识框架,它至少有三个方面的内容:过分强调国家间意识形态或价值观念的对立;"非友即敌"和必须确

定一个头号敌手的观念；把前苏联当作评判其他社会主义国家行为的参照物。① 冷战思维并没有随着华约的解散和苏联的解体消失，而是"仍然经常反映在当今世界一些国家（特别是美国等西方国家）的对外政策思想和实践中，成为制约当今世界和平与发展大趋势、影响国家间和平与合作的消极因素和负面思想遗产"②。冷战思维的本质是对立，核心是遏制，与强调交流对话的公共外交理念背道而驰。2017 年底至 2018 年初，美国在其公布的《美国国家安全战略报告》《国防战略报告》《核态势评估报告》《国情咨文》《世界威胁评估报告》五份报告中都将中国视为美国的主要战略竞争对手。2018 年 10 月，美国副总统彭斯就特朗普政府对华政策发表讲话，从"中美贸易、两岸关系、西藏问题、对外援助、中国制造 2025、企业党建、知识产权、学术研究、对外传播"等方面对中国的经济社会发展进行了全方位攻击。彭斯的讲话带有明显的冷战思维色彩，代表着特朗普政府对中国发展和两国关系的认知和判断。当前，美国的冷战思维主要体现于两种思潮。

1. 文明冲突论

作为近年来影响较大的一种国际关系理论，美国政治学家塞缪尔·亨廷顿的"文明冲突论"把世界划分为八个文明板块，预测后冷战时代的国际冲突将在这些文明之间进行，各文明交界的"断层线"地区尤其可能爆发剧烈的冲突，世界将呈现文明间集团对抗的情况。"文明冲突论"否认文明共同性，看不到日益强化的以和平与发展为核心的人类共同价值追求，在世界观层面上是消极的和破坏性的。③ 让人忧虑的是，"文明冲突论"与

---

① 张小明，《何谓"冷战思维"》，《世界经济与政治》，1997 年第 4 期，第 61–62 页。

② 耿协峰，《"一带一路"遭受的地缘冷战思维挑战及其思想根源》，《国际观察》，2019 年第 6 期，第 70 页。

③ 田德文，《"文明冲突论"错在哪里？》，《人民论坛》，2019 年第 21 期，第 22–23 页。

种族主义只有一步之遥。2019年4月底，时任美国国务院政策规划主任斯金纳公开表示，美国当前与中国的较量是"很不同的文明和意识形态之间的斗争，美国没有经历过这种情况"，"美国第一次面对非白人种族的强势竞争对手"。[①]这种言论曲解历史，将中美博弈定性为文明冲突和种族竞争，造成中美关系大步倒退。更令人担忧的是，美国有可能通过主动设置"文明冲突"议题把两国冲突扩大为中西方冲突，人为恶化中国的国际环境，给中国公共外交造成极大的障碍。

2. 孤立主义

一般说来，所谓孤立主义主要是指美国避免在国际事务中承担政治和军事义务、不与外国特别是欧洲国家结盟的主张和政策。冷战结束后，新孤立主义崛起，认为美国必须根据国家利益来确定美国的外交政策，反对把外交政策建立在抽象的"民主"和"正义"基础之上，以超国家的理想代替国家利益，强调美国应当把目标转向国内。[②]特朗普政府上台后，将"美国优先"作为执政哲学，奉行"美国第一"原则，出台多项具有浓厚"孤立主义"色彩的政策，以此来维护和增进美国国家利益特别是经济利益。近两年，美国接连退出联合国教科文组织、联合国人权理事会、万国邮政联盟、跨太平洋伙伴关系协定（TPP）等国际组织和《联合国气候变化框架公约巴黎协定》《伊核协议》《维也纳外交关系公约关于强制解决争端之任择议定书》《中导条约》等国际公约和双边协定，挑起并不断升级中美贸易摩擦，收紧移民政策，花巨资在美墨边境修建隔离墙等，这一系列密集的举动正是美国孤立主义外交政策的真实映射。孤立主义带有"脱钩"

---

① 林展霆，《美称中美博弈是文明斗争　中国学者：开历史倒车》，早报网，http://www.zaobao.com/news/china/story20190504-953697.

② 赵学功，《美国历史上的孤立主义：一种深厚文化传统》，《人民论坛·学术前沿》，2017年第16期，第14-19页。

和"自闭"特征，具有明显的保守倾向，不利于中国对美公共外交的开展。

（二）中国对美公共外交的现实挑战

随着美国外交政策的调整，特朗普政府对中美媒体交流、人文交流、经贸交流等进行全方位遏制，给中国对美公共外交带来重大挑战。

1. 驻美媒体方面

驻美媒体是中国增强国际议题解释权、提升国际传播能力的重要一环，在增进中美沟通、推进战略互信、推动两国交流合作方面发挥了积极的作用。但在最近两年时间内，美国政府接连对中国媒体驻美机构作出歧视性限制，"严重侵犯了中国新闻工作者正常合法的海外新闻报道权益"[1]。2018年，美国司法部要求新华社和中国环球电视网根据《外国代理人登记法》将其在美业务进行注册。2020年2月，美国国务院又将新华社、中国国际广播电台、中国环球电视网以及中国日报和人民日报发行商在美国的分支列为外国外交使团。根据美国《外交使团法》，这五家中国媒体的美国业务被纳入辖制范畴后，需向美国国务院报告工作人员的个人信息、出行计划及其人事变动，以及机构租赁或拥有的不动产信息及其变化，而不动产的变更也需征得美国国务院的批准。[2]2020年3月2日，美国务院宣布自3月13日起，将作为"外国使团"列管的5家中国媒体驻美中国籍员工数量削减60人，削减比例达40%，变相驱逐中国驻美记者。此外，自2018年起，美方开始刁难中国记者签证申请，以行政审查为由延长签证审批时间、

---

① 《中国记协强烈谴责美国针对中国驻美记者的无端打压和歧视性做法》，中国新闻网，http://cul.chinanews.com/gn/2020/03-12/9123276.shtml.

② 杨一帆，《特朗普再对中国下手 被认定为"外交使团"这五家中国媒体将得到什么"待遇"？》，新民晚报网，http://newsxmwb.xinmin.cn/shq/2020/02/20/31665293.html.

无限期拖延甚至拒签。①

2. 孔子学院方面

多年来，孔子学院积极开展与国外的教育文化交流合作，成为推动汉语走向世界、提升中国语言文化影响力的重要平台。2004年至今，全美孔子学院数在巅峰时期曾超过100家，但近几年，美国政府以国家安全为由，不断对孔子学院施压，截至2019年9月，已有13所美国大学宣布关闭孔子学院。美国2019财年国防授权法案规定，除非满足特定条件（如孔子学院无权决定课表），任何高校若设立孔子学院，将不能获得美国国防部发放的财年预算经费。迫于压力，在美国办学时间最长的马里兰大学孔子学院也将在2020年关闭。②

3. 学术交流方面

美国政府将中美学术交流政治化，对正常的学术交流横加干涉和限制，以削弱中国在国际上的学术影响力。2017年3月，中国一航天专家被拒签，导致其无法出席在美国得克萨斯州举行的月球与行星科学大会。2018年7月，世界空间科学大会一场关于中国科研项目的分会场，中国专家因没有赴美签证而集体缺席。

4. 赴美留学方面

为促进中美文化交流，2014年美国政府把中国赴美学生签证和商务旅游签证分别延长至5年和10年。不过，这种积极姿态在特朗普政府上台后遭遇逆转。2018年以来，中国部分赴美留学人员的签证受到限制，签证的审查周期延长，有效期却在缩短，拒签率明显上升。若在机器人、航空、

---

① 《中国记协强烈谴责美国针对中国驻美记者的无端打压和歧视性做法》，中国新闻网，http://cul.chinanews.com/gn/2020/03-12/9123276.shtml.

② 徐乾昂，《五角大楼施压，美国历史最长的孔子学院将关门》，网易网，https://news.163.com/20/0119/15/F390N5J60001899N.html.

高科技制造业等专业领域学习，签证有效期则会被限制在 1 年以内，这无疑对中国留学人员正常赴美学习交流造成了影响。

5. 社交媒体方面

海外社交媒体是"借船出海"讲好中国故事的重要渠道。但从一些事件看，这个渠道已受到美国政府的挤压。为配合美国对华策略，2019 年 8 月，全球两大社交媒体 Twitter 和 Facebook 以"假新闻"为由，关闭或封锁数十万反对香港暴力冲击的账户。①Twitter 还宣布，将不再允许财务和内容受政府控制的广播公司投放广告。随后，谷歌公司也关闭了旗下视频分享网站 YouTube 上的 210 个频道，声称这些频道上传的视频对香港"示威者"不利、会影响到他们示威"合法性"。② 究其本质，这些封号举动是美国政府利用其所控制的社交媒体开展网络舆论战的手段。

6. 经贸方面

2018 年以来，美国为维护在全球关键技术领域的垄断地位，确保长期战略优势，以国家安全和外交利益为由，在由其挑起的贸易摩擦中对中国实施技术封锁，先后分 6 个批次发布"实体清单"，覆盖"5G、通讯，高性能计算、超算，能源，安防设备、人工智能" 4 大领域，涉及华为、中科曙光、中广核集团等众多高科技企业。③ 列入"实体清单"的中国企业不仅难与美国本土上下游企业进行业务往来，甚至与其他国家的相关交易也受到美国国内法的制约。一直以来，企业特别是大型跨国企业是中国公共外交的重要主体，而美国的"实体清单"会隔绝中国企业的正常经贸活动，对中国开展公共外交制造屏障。

---

① 陈川，《推特"灭声"阻反暴　高层合照露了馅》，香港文汇报网站，http://paper.wenweipo.com/2019/09/25/HS1909250031.htm。

② 《YouTube 也下手了》，环球时报微信公众号，2019 年 8 月 23 日。

③ 《"实体清单"暴露弱点：美国在这 4 个科技领域"急眼"了》，财视传媒微信公众号，2019 年 10 月 12 日。

三、应对策略

中国对美公共外交关乎中国国家利益，对于提升中国国家形象和国际舆论话语权具有重要意义。面对严峻的对美公共外交环境，可以尝试从以下路径展开积极应对。

（一）通过政府官方外交为公共外交创造条件

公共外交可以为官方外交提供支撑，官方外交也可以为公共外交创造条件。中国政府可以通过对话、谈判、贸易反制、国际舆论斗争等方式，为中国争取更多的权益保障，为对美公共外交创造更多机会。

（二）建立协调机制，统筹对美公共外交工作

中国目前的公共外交缺少整体统筹，亟须建立相关高规格协调联动机制，及时制定对美公共外交短中长期规划，出台完善相关政策法规，协调动员企业、高校、社会组织和公众的力量，形成公共外交合力。

（三）反客为主，经常性开展主场公共外交

积极开展人文交流，创新公共外交项目，增加在中国主场开展公共外交的频次，邀请美国社会各界人士到中国进行面对面的对话，就双方关心的话题进行深入沟通。

（四）高度重视网络公共外交

公共外交是一项全民性事业，利用网络传播快、互动强、可视化的特点，动员中国网民积极参与公共外交活动，以普通人的视角对外展示中国文化，讲述身边故事；结合《网络信息内容生态治理规定》中的有关条款，

为网民参与网络公共外交提供必要保障。通过政策引导、产业扶持等措施，推动中国本土社交平台走向世界。

（五）积极与他国开展公共外交

采取迂回策略，与世界其他国家开展广泛的人文交流活动，对美国单边主义、贸易保护主义和损害国际政治经济秩序的霸凌行为进行批驳，与最大多数国家形成共识，争取国际社会的理解和支持，为中国对美公共外交创造良好的国际舆论环境。

（本文写于 2020 年 3 月，未公开发表）